扬州玉雕

薛文明 著

东方
文化胜音

江苏凤凰美术出版社

图书在版编目（CIP）数据

扬州玉雕 / 费文明著. -- 南京 : 江苏凤凰美术出版社, 2025.2. -- (东方文化符号). -- ISBN 978-7-5741-1684-9

Ⅰ. K876.8

中国国家版本馆CIP数据核字第2024A2K490号

责 任 编 辑	唐　凡
装 帧 设 计	书美坊
责 任 校 对	孙剑博
责 任 监 印	张宇华
责任设计编辑	赵　秘

丛 书 名	东方文化符号
书　　名	扬州玉雕
著　　者	费文明
出版发行	江苏凤凰美术出版社（南京市湖南路1号　邮编：210009）
制　　版	南京新华丰制版有限公司
印　　刷	盐城志坤印刷有限公司
开　　本	889 mm×1194 mm　1/32
印　　张	4.75
版　　次	2025年2月第1版
印　　次	2025年2月第1次印刷
标准书号	ISBN 978-7-5741-1684-9
定　　价	88.00元

营销部电话　025-68155675　营销部地址　南京市湖南路1号
江苏凤凰美术出版社图书凡印装错误可向承印厂调换

目录

第一章 历史源流 ……………………………… 1
  第一节 玉雕与中国 ……………………………… 1
  第二节 玉雕与扬州 ……………………………… 14

第二章 发展历程 ……………………………… 17
  第一节 新石器时代 ……………………………… 17
  第二节 汉 ……………………………………… 18
  第三节 唐 ……………………………………… 31
  第四节 宋、元、明 ……………………………… 31
  第五节 清 ……………………………………… 33
  第六节 现代 …………………………………… 36

第三章 品种类别 ……………………………… 38
  第一节 山子雕 ………………………………… 41
  第二节 仿古、炉瓶、花鸟虫鱼兽、人物 ……… 54

第四章　工艺过程 ·································· 63
　　第一节　相玉 ···································· 63
　　第二节　设计 ···································· 70
　　第三节　琢制 ···································· 70
　　第四节　抛光 ···································· 82

第五章　名作名师 ·································· 82
　　第一节　历代名作 ································ 82
　　第二节　今日名师 ································ 89

主要参考文献 ······································ 139

结　语 ·· 141

后　记 ·· 144

第一章 历史源流

第一节 玉雕与中国

一、中国文化里的"玉"

在中国文化里,"玉"总是和美好的事物联系在一起,比如"玉树临风""冰清玉洁""温润如玉""如花似玉"……从神玉文化,到礼玉文化,再到德玉文化,玉文化成为中华文化不可缺少的一部分。无论是将玉奉若神明,还是比德于玉,抑或作为祥瑞之征、美之所向,玉长期以来一直维系着中国人心中特别美好的部分。中国人很早就发现了"石之美者"。之后,玉的范畴慢慢缩小,但对玉的尊崇与使用,却一直没有中断。这在世界各国历史上独树一帜。

二、玉石分化

对玉材的界定,经过了一个由宽泛到窄小的过程。最初,"玉"是指宽阔的"石之美者"。既包括狭义的"玉",也包括其他美丽的石头,比如珉、玛瑙、玉髓、水晶、燧石、

图 1.1　红山文化　玉猪龙（图片来自台北故宫博物院）

图 1.2　良渚文化　玉琮

图 1.3 齐家文化 玉圭（图片来自台北故宫博物院）

黑耀石、松石等彩石；到了新石器时代中期至晚期的红山文化（图1.1）、良渚文化（图1.2）以及齐家文化时期（图1.3），玉材缩小为珣玗琪、瑶琨、球琳；经夏商两代的筛选，到了周代，珣玗琪、瑶琨、球琳三大玉材中的球琳（又被称为昆山之玉，即和田玉），被奉为真玉，珣玗琪、瑶琨则屈居其下。在之后2000多年的历史上，和田玉一直被认定为玉中上品。

三、玉雕

虽然在玉器史上存在着文素之争，但是琢玉、碾玉毕竟占据着主流的地位。《礼记》中云："玉不琢，不成器。"孟子云"必使玉人雕琢之"。唐太宗说："玉虽有美质，在于石间，不值良工琢磨，与瓦砾不别。"

制玉的过程"雕玉"，是现在的说法，古人一般说是"琢玉"，所谓"玉不琢，不成器"。《说文》琢，治玉也。古代玉器，不是雕刻出来的，而是利用硬度高于玉的刚玉砂、石榴子石等"他山之石"作为"解玉砂"，辅以水来碾磨玉石，琢制而成。所以，对古代制玉不应叫雕玉，而称治玉、理玉，或是琢玉、碾玉。

玉雕在中国有着悠久的传统。中国的玉雕作品在国际上也享有崇高声誉。

四、玉雕文化

1. 早期的玉雕文化来自东部，而非中原。早期的玉文化可以分为三大板块：

（1）东夷玉文化板块

距今10000—5000年，分布在今东北三省、内蒙古东部、河北、山东及江苏北部，以红山文化为代表。玉材多为岫玕琪，代表性玉雕有玦、匕、勾云形器、箍形器、圆孔边刃器、龙等（图1.4、图1.5）。

图1.4 红山文化 玉龙

图1.5 红山文化 玉勾云形佩（图片来自台北故宫博物院）

（2）淮夷玉文化板块

距今5300年左右，分布在今安徽、江苏南部等地，以凌家滩遗址为代表。玉的成分为透闪石。代表性玉雕有觋像、龟壳、长方形片饰等（图1.6）。

图1.6 凌家滩 玉刻图长方形板

（3）东越玉文化板块

距今5500—4300年，主要分布在今江苏、浙江太湖地区，以良渚文化为代表。玉材以瑶琨为主，代表性玉雕有璧、琮、钺、三叉形器、璜、梳背、锥形器、串饰等（图1.7）。

图1.7 良渚文化 玉琮
（图片来自台北故宫博物院）

2. 神玉文化——礼玉文化——德玉文化

商代的人重鬼神，好占卜，鬼神文化弥漫于社会的角角落落，自然也在玉器上留下痕迹，形成了"神玉文化"（图1.8）。神玉文化的体现是，玉作为巫进行祭祀活动的道具与图腾。于是，这样的玉又被称为"巫玉"。人们对巫玉的重视，体现了对上天神灵的尊崇。宗教、政权、图腾、祥瑞等，常常渗透在神玉文化中，充满神秘而强势的气息。

图1.8 凌家滩 玉鹰

周代统治者吸取了殷商灭亡的教训，将上古至殷商的礼乐进行大规模的整理，创建了一整套具体可操作的礼乐制度，社会生活的方方面面，包括饮食、起居、祭祀、丧葬等，都纳入"礼"的范畴，使其成为系统化的社会典章制度和行为规范，对历代礼制的影响非常深远。反映到玉

图1.9　良渚文化　玉琮（图片来自台北故宫博物院）

上，就形成了"礼玉文化"。按《周礼》记载，礼玉有璧、琮、圭、璋、璜、琥六种（图1.9）。在祭祀礼仪中，玉的使用有着明确的规定。《周礼》中记载："以玉做六器，以礼天地四方。""以苍璧礼天，以黄琮礼地，以青圭礼东方，以赤璋礼南方，以白琥礼西方，以玄璜礼北方。"

无论是"神玉文化"，还是"礼玉文化"，在商周时期都慢慢让位于"青铜文化"，而在"德"的土壤中找到了自己的栖身之所，形成了"德玉文化"（图1.10、图1.11）。而把玉提高到"德"的高度，正是先秦时期的伟大先哲孔子。他将玉从神的身上剥离，作为了君子"德"的依附，玉成为有德行、有修养的君子的象征。"君子比德于玉""君子无故，玉不去身"成为后来玉文

图 1.10 明 玉饰(图片来自大都会博物馆)

图 1.11 金元 玉雕春水纹带饰(图片来自大都会博物馆)

化的核心，也成为中国人经久不衰的精神信仰。孔子主张玉有十一德：仁、知、义、礼、乐、忠、信、天、地、德、道。之后，东汉许慎更定为五德：仁、义、智、勇、洁。玉的"十一德"与"五德"总结与界定，将"德玉文化"慈爱友善、温和润泽，是"仁"；光明磊落、表里如一是"义"；聪慧敏锐、才思远播，是"智"；宁折不弯、坚守底限，是"勇"；清正廉洁、品性高洁，则是"洁"，深入人心。

无论是"礼天地四方"，还是"君子比德于玉"，以及"宁为玉碎"的士人风度，再或是"千金易得，美玉难求"的财富观念，玉文化早已渗透进了中国人的生活，融入东方文化的独特品格。

3. 巫玉—王玉—民玉

将玉按照服务对象的不同，可以分为三种类型：巫玉（原始社会）、王玉（夏商周—清）、民玉（宋—清）。巫玉祭祀通神（图1.12），王玉维护皇权（图1.13），民玉贴近民生（图1.14）。三种类型并非泾渭分明地接续于中国的历史长河中，它们也常常交织共存于一个历史阶段。

图 1.12 红山文化 鸟形玉佩（图片来自大都会博物馆）

图 1.13 战国至西汉 玉刻字谷纹璧（图片来自台北故宫博物院）

图 1.14　清　菊花盘

当然，不同朝代的玉，也常常流露出不同的风格。比如秦汉时期受神仙理念的影响，创造了神韵生动的螭、辟邪等形象，其风格雄伟豪放（图 1.15）；隋唐时期的玉以写实的手法展现了世俗生活的形态，其风格刚健厚重（图 1.16）；清代的玉更重写实，受绘画影响很大，其风格精细秀雅（图 1.17）。

图 1.15　汉　玉螭佩
（图片来自台北故宫博物院）

图 1.16 唐 白玉人（图片来自台北故宫博物院）

图 1.17　清　白玉《兰亭修楔图》山子（图片来自台北故宫博物院）

第二节　玉雕与扬州

一、扬州与瑶琨

《书经·禹贡篇》中记述"扬州贡瑶琨"。虽然古今扬州并不是指完全相同的地域范围，但是大致范围还是有着重叠与交错的。新石器时代的玉雕有着一个共同的特点，玉料往往就地取材，而非从远处搬运而来。然而，瑶琨并不见于那个时代的玉雕，玉雕的质地属透闪石、阳起石、蛇纹石、高岭石等。其实，瑶琨本身就是一个传说，也有人指出，瑶琨实际上就是雨花石。

因为扬州本地玉料出产并不丰富，所以玉料大多来自外地，在玉料的品种选择上也极为多样，如新疆的白玉、青玉、碧玉，辽宁的岫玉、玛瑙、黄玉，江苏的水晶，湖北的绿苗、松耳石，广东的南方玉及巴西的玉石，缅甸的翡翠，阿富汗的青金，加拿大的碧玉和日本的珊瑚等，都为扬州玉工所用。

二、扬州与和田

"和田玉，扬州工"，是人们挂在嘴边的一句话，将扬州玉雕与天下最好的玉材和田玉并提，表达了中国人对扬州玉雕的肯定与赞扬。纵观扬州玉雕的历史，很多享誉海内外的玉雕珍品，其玉料来自和田玉，可见扬州玉雕与和田玉的关系密切。

20世纪80年代，国务院把扬州与和田列为经济合作的友好姐妹城市。从玉料与玉雕，两座城市因玉相连。

三、运河与扬州玉雕

隋王朝贯通了南北运河，唐代的经济版图随之发生了南移。位于运河与长江交汇处的扬州，处于东西、南北水路交通的交汇之处，也自然成为当时重要的贸易港埠和通商重镇。（图1.18）一时之间，"江淮之间，广陵大镇，富甲天下"。百姓富足之后，

图1.18 隋运河分布图

玉雕用以炫耀门庭或者展示品位。在大唐恢宏的对外交流中，玉雕亦作为一种得意的工艺向外邦传播。唐天宝十二年（753年），大明寺高僧鉴真从扬州东渡日本，就带有玉工、画师、雕檀、刺绣等185人之多，写下了中外交流的精彩华章。

清代，京杭运河依旧给扬州这座城市带来生生不息的财富与活力，两淮盐业的昌盛也汇聚了四方的繁华。经济的富庶让人们有了把玩玉雕的余裕，同时运河水运的通达，为扬州玉工承接京城宫廷的大型玉雕提供了便利。事实上，北京故宫博物院珍藏的重达千斤、万斤的近十件大型玉器多半出于扬州玉工之手。著名的《大禹治水图》玉山、《会昌九老图》玉山、《秋山行旅图》玉山等，均是当时由朝廷委托，将大型玉料经运河水路运抵扬州，由扬州玉工雕琢完成后，再由运河水路运返京城。

四、扬州玉雕与非物质文化遗产

2006年5月20日，经国务院批准，扬州玉雕被列入第一批国家级非物质文化遗产名录。2007年6月5日，经国家文化部确定，扬州市的顾永骏和江春源为该文化遗产项目第一批代表性传承人。2012年12月，扬州市的薛春梅和高毅进入选为第四批国家级非物质文化遗产项目代表性传承人。扬州玉雕，在这一方土地上薪火相传。

第二章　发展历程

扬州玉雕的历史可追溯到5300年以前。高邮龙虬庄新石器时代遗址中出土的玉璜、玉玦、玉管等玉器，是目前扬州境内发现的最早的玉雕。从出雕遗存来看，扬州玉雕出现了汉、清两次高峰。1840年后，扬州玉雕行业渐渐衰落。20世纪50年代，扬州玉器厂成立，扬州玉雕技艺重新得到传承。

第一节　新石器时代

扬州玉雕源远流长，1993年发现的高邮龙虬庄遗址，是江淮地区东部最大的一处新石器时代早期遗址，出土了玉璜、玉玦、玉管等玉器。

1977年在扬州蜀冈尾闾，发现新石器时代晚期氏族公共墓葬60多处，出土的玉有玉璧、玉琮等。

1973年发现于江苏海安的青墩遗址，虽不属扬州，但都是江淮地区新石器时代的重要遗存，出土的玉器包括玉璧、玉琮、玉坠、玉环等。

这个时期在扬州出土的玉器，和良渚文化的玉器类型与特征一致。

第二节 汉

两汉时期的扬州属广陵国，是江南地区的大都会，经济发达，文化昌盛。这个时期的出土汉墓中有大量的玉器，比如扬州西北的天山一号汉墓、扬州甘泉"姜莫书"西汉墓（图2.1至图2.5）、邗江区甘泉姚庄汉墓（图2.6至图2.10）、扬州市甘泉老虎墩东汉墓（图2.11至图2.14）、邗江区西湖胡场17号汉墓（图2.15）、扬州市甘泉军庄东汉墓（图2.16）、仪征龙河袋山西汉墓（图2.17）、邗江区西湖蚕桑砖瓦厂西汉墓（图2.18）、扬州双桥乡宰庄汉墓（图2.19）、高邮市神居山二号西汉"黄肠题凑"木椁墓（图2.20）、宝应县天平镇戴墩汉墓（图2.21）、邗江区杨寿宝女墩104号新莽墓（图2.22）、邗江区甘泉巴家墩墓（图2.23）、邗江区甘泉东汉2号墓（图2.24至图2.26）等。甘泉老虎墩东汉墓中出土的玉壶、玉璧、玉环，琢玉水平很高，尤其是该汉墓中出土的玉"宜子孙"铭璧（图2.12），是东汉玉器的代表作。

这个时期扬州出土的玉器特点是：

1. 礼仪文化体现在用玉制度上，一定级别的墓葬，都相应有玉器出土，出土玉器中必有礼仪玉；

图 2.1　玉覆面（图片来自《中国出土玉器全集》）

图 2.2　心形玉佩（图片来自《中国出土玉器全集》）

图 2.3　嵌玉鎏金铜带板

图 2.4　玉舞人（图片来自《中国出土玉器全集》）

图 2.5　玉佩

图 2.6　玉具剑饰（图片来自《中国出土玉器全集》）

图 2.7　玉剑璏（图片来自《中国出土玉器全集》）

图 2.8　琥珀印（图片来自《中国出土玉器全集》）

图 2.9　蝉形玉琀

图 2.10　玉串饰（图片来自《中国出土玉器全集》）

图 2.11 玉具剑饰（图片来自《中国出土玉器全集》）

图2.12 "宜子孙"玉璧　　图2.13 龙形玉环

图2.14 辟邪形玉壶

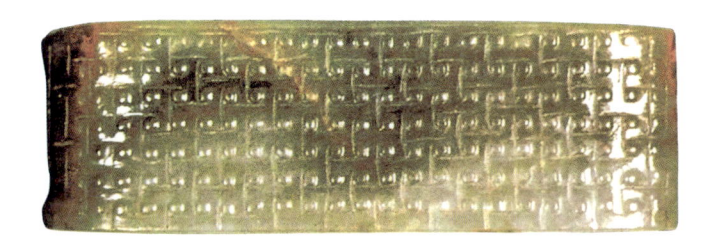

图 2.15　玉剑璏（图片来自《中国出土玉器全集》）

图 2.16　龙纹玉璜（图片来自《中国出土玉器全集》）

图 2.17　玉剑璏（图片来自《中国出土玉器全集》）

图 2.18 双龙纹玉环（图片来自《中国出土玉器全集》）

图 2.19 玉璧（图片来自《中国出土玉器全集》）

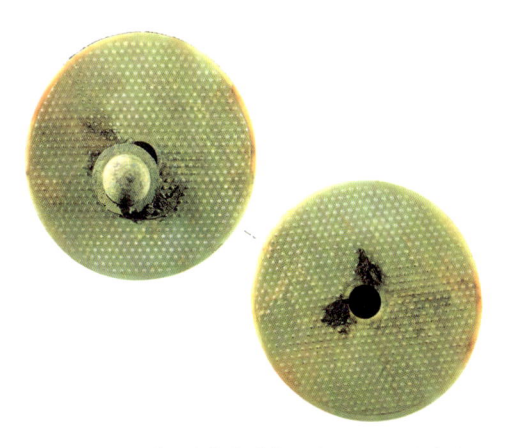

图 2.20 玉璧（图片来自《中国出土玉器全集》）

图 2.21 心形玉佩（图片来自《中国出土玉器全集》）

图 2.22　玉猪

图 2.23　玉卮（图片来自《中国出土玉器全集》）

图 2.24 玉司南佩（图片来自《中国出土玉器全集》）

图 2.25 玉严卯（图片来自《中国出土玉器全集》）

图 2.26 玉翁仲
(图片来自《中国出土玉器全集》)

2. 时兴佩玉，所佩之玉小巧玲珑，不同质地、不同色泽、不同形状穿于一起；

3. 表明墓主身份的玉器较多，比如玉具剑、玉印章等；

4. 品类丰富，造型优美，已采用透雕、阴线刻和浅浮雕手法，创意独特，雕琢精细。

第三节　唐

隋炀帝开凿大运河以后，扬州就成为通商重镇。经济繁荣，文化昌盛，豪门贵族"雕栏玉户"以炫门庭，民间百姓佩玉饰玉以显身份，推动了唐代扬州的琢玉工艺向前发展。唐僖宗时，盐铁史高骈在扬州建有"御楼"，用金玉制作蟠龙蹙凤数十万件，装饰其中。可见，唐代的玉雕被大量应用于豪门的建筑装饰。

作为重要的国际通商口岸，玉文化也在这里得以传播。比如唐天宝十二年（753年），大明寺高僧鉴真从扬州东渡日本传教，就携包括玉工在内的185位工手，展开了中国与日本之间的文化交流。

第四节　宋、元、明

从宋到明，中国很多工艺品的风格变化不大，尤其是玉雕。在缺乏更明确信息的情况下，往往将出土玉器笼统地说成是宋元明时期的，不做明确的判断。

这个时期的玉雕，宗教色彩逐渐淡化，人间气息慢慢变浓。在作品题材上，融进了更多的世俗生活；在器物类别上，陈列品越来越多。受花鸟画兴起的影响，扬州玉雕多用花鸟作为题材和装饰，花鸟、炉瓶等陈设品品种日益丰富。玉雕技艺也大大提高，尤其是镂空雕和链子活，为后来扬州玉雕的发展奠定了基础。

一、宋

唐宋扬州玉雕实物，并不像汉代那么丰富，往往是在文献中看到唐宋扬州玉雕当年的盛况。比如清人谢坤记述，他曾在扬州康山江氏家，亲眼见过宋代扬州制作的玲珑玉塔。他在《春草堂集》里写道："宋制玲珑玉塔，塔玉雪白，绝无所谓饭糁瑕疵。高七寸。作七级，其制六面，面面有栏……塔顶有连环小索，系诸顶层六角，绝不紊乱，所言鬼斧神工莫能过是。"从这段描写中可以看到扬州玉雕陈设品玉材的优良与镂空雕、链子活技艺的高超。

二、元

元代，扬州玉工已经开始用雄浑天然的籽玉为材料，琢制"山子雕"。现扬州博物馆藏有一件传为元末时的山子雕作品，表现了"竹林七贤"这一常见题材，人物刻画简练，栩栩如生，可视为扬州山子雕的初期作品。

三、明

虽然明代的玉雕风格总体上显得粗犷深厚、不拘小节，收藏家常称之为"粗大明"，然而扬州玉雕仍不乏典雅精细之作，比如扬州博物馆收藏的《双层透雕云龙纹玉带板》

（图2.27）就是一个代表。这套明代时期的作品共有十七块，带板均双层镂空透雕，雕有龙、云、草、鸟等纹，是明代玉带板中的精品。此外，扬州博物馆还藏有《六角莲花玉壶》《蟠螭白玉杯》等明代玉雕，同样也是风格典雅、琢工精细之作。

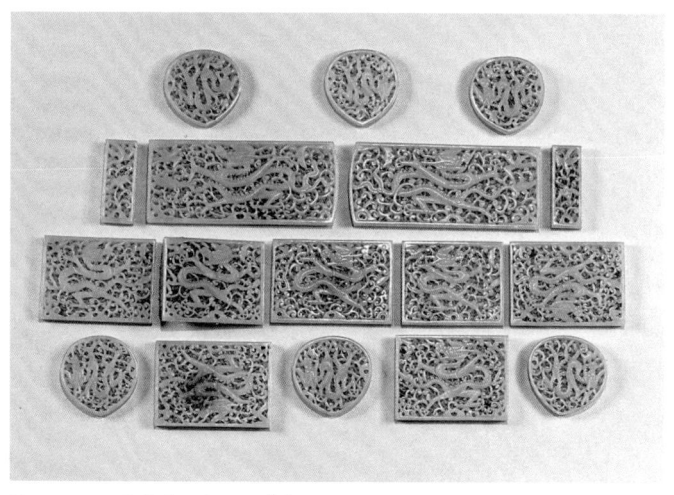

图2.27 双层透雕云龙纹玉带板

第五节 清

在2000多年的建城史上，扬州出现了三次繁荣，三次繁荣分别出现在汉、唐、清。扬州兴盛于汉，繁盛于唐，鼎盛于清。而清代扬州之所以成为一个重要的商业城市，与扬州的地理位置很有关系。扬州处于南北运河与东西长江的交汇处，是全国水运的枢纽，南北漕运的咽喉，这个得天独厚的地理位置让扬州成为一个重要的货品交易市场。明清时期扬州又是两淮盐运中心，两淮盐业是清政府的重要财政支柱。漕运的发展、盐业的兴盛，让扬州这座城市"商贾辐辏，财货堆积"，同时也促进了扬州手工艺、文化艺术的发展。"扬州八怪"、扬州雕版印刷、扬州玉雕、扬州漆器等的出现与兴盛，并不是偶然的。

玉雕的发展，与一代爱玉皇帝乾隆很有关系。乾隆一生所作咏玉诗多达七百余首，人称"一代玉痴"。"乾隆工"也用来形容乾隆时期玉雕工艺的用料考究、精雕细琢。清乾隆二十四年（1759年），清政府平定准噶尔回部以后，打通了和田玉进入中原的通道，从此玉料就源源不断地运到京城。乾隆在位60余年，对玉雕的发展影响很大。清初本来就在紫禁城设养心殿造办处，承办御用器物和冠服，内设玉作（金玉作），乾隆即位后又设如意馆，为皇家碾玉。乾隆亲自过问造办处的玉作事宜，还对画稿、陈设等问题一一批示，亲自督办治玉。比如清乾隆四十六年（1781年）初，他就指定依宋人《大禹治水图》画稿雕琢巨型玉山。为了消除"玉厄"现象，乾隆的举措之一，就是向宋人的"玉图画"学习，让绘画作品成为玉雕的摹本，化画入玉，从而极大地推动了山子雕的发展。

为了满足皇室对玉器的大量需求，清廷造办处常将玉料送往外地加工。当时承接皇室玉活的地方主要有苏州、扬州、杭州、九江、凤阳等地，扬州琢玉也因此进入了全盛时期。两淮盐政在扬州建隆寺设玉局，每年向清廷进贡玉器，还大量承接清廷的玉活。

因为水运的便利，扬州成了全国玉材的主要集散地和承接宫廷大型玉雕的中心。因为南北大运河的存在，清廷里的大型玉料方便运到扬州，雕琢完成后，也方便运回京城，所以扬州便成了琢制大型玉雕的地区。而乾隆皇帝对于玉雕工艺和书画艺术相结合的提倡，让大型玉山成为扬州玉雕全盛时代不可替代的标志。扬州玉工善于利用镂雕等手法，随物赋形，化画入玉，将山子雕发展为玉雕历史上独特而重要的品类。

清乾隆三十一年（1766年）造办处玉作奉旨承做大型玉山《秋山行旅图》。因为进度迟缓，难以按期完成琢制任务，遂半途移交扬州两淮盐政玉作继续雕琢。历时两年多，扬州玉工首次完成了巨型玉山的琢制。此后，扬州两淮盐政又陆续琢制了重逾万斤的"玉器之王"《大禹治水图》玉山、《会昌九老图》玉山、《秋山行旅图》玉山、《南山积翠图》玉山等大型玉山。目前故宫博物院珍藏的近十件大型玉雕作品，多半出自清代扬州玉工之手。这些巨型玉雕标志着扬州玉工的雕琢技巧和艺术造诣在清代达到我国玉雕技艺发展的巅峰。

清嘉庆以后，随着经济的衰落，扬州琢玉业亦开始逐步衰退，扬州玉工流向上海和香港等地。

第六节　现代

20世纪50年代，扬州琢玉业开始复兴。1956年，扬州邗江县田家庄组建了邗江县玉石生产合作小组，扬州玉雕技艺重新得到传承。1958年，扬州漆器玉石生产合作社上升为地方国营，并改为扬州漆器玉石工艺厂。1965年，为传承玉雕工艺，由江苏省手工业管理局批准创办一所厂办半工半读的玉器学校，招收学员50名。1981年扬州玉器厂推进现代化管理，全厂设有炉瓶、人物、花鸟、杂件、抛光、红木、钻石、仿古等8个车间，并附设一所玉器学校。如今，扬州玉雕界有中国工艺美术大师5人，江苏省工艺美术大师、名人8人，扬州市工艺美术大师8人，代表性人物有顾永骏、江春源、高毅进、薛春梅、沈建元等。今天的扬州玉雕主要有五大类别：山子雕、仿古、炉瓶、花鸟虫鱼兽、人物。无论是在玉雕品类上，还是在技术实力上，扬州玉雕业在全国同行业中都名列前茅，多次荣获包括天工奖在内的权威奖项。

2008年北京奥运会奖牌金镶玉的独特设计（图2.28），打破了100多年来奥运会奖牌只使用金、银、铜三种金属材料的惯例，融入了中国文化的独特元素，展现了中国文化与工艺的独特魅力。"金"张扬，"玉"含蓄，然而古人一直喜欢将两者并列，"金玉良缘""金玉满堂"，使得"金"和"玉"缔结了美好的联系。北京奥运会奖牌用白玉镶金牌，青白玉镶银牌，青玉镶铜牌，在奥运史上留下了独特而永恒的一页。奖牌中的3030枚玉环,全部在扬州生产,扬州玉雕在奥运盛史上留下了光辉的一页。

图 2.28　2008 年北京奥运会奖牌

第三章 品种类别

中国艺术常常分为南北两派，以北雄南秀相区分。玉雕也是如此。然而扬州玉雕也有特殊之处，因为处于水运的通达之处，扬州承接了宫廷的大型玉山，山子雕成为扬州玉雕的重要品类，今天仍是如此。所以今天扬州玉雕既有秀丽典雅、玲珑剔透的南方之美，又有雄浑壮阔、气势磅礴的北方之美。后者更多地体现在巨型山子雕上，前者则体现在其他小型摆件上。

如今，扬州的玉雕品类，基本上延续了清代（图3.1至图3.4）。其中，山子雕是最为重要，也是最有特色的一类。另外，仿古件、炉瓶、花鸟虫鱼兽、人物也占有相当大的比例，把玩件、插屏相对较少。在玉料越来越珍贵的今天，小型把玩件有逐渐增多的趋势。

图 3.1 清 玉采玉山子（图片来自台北故宫博物院）

图 3.2 清 青玉方鼎（图片来自台北故宫博物院）

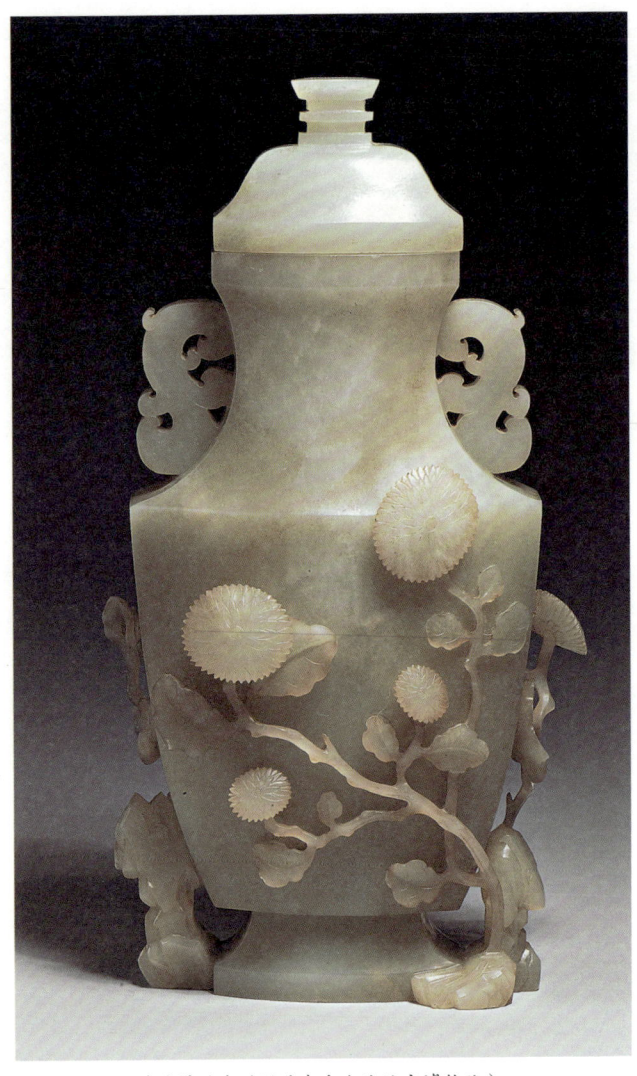

图 3.3 玉菊花带盖壶（图片来自台北故宫博物院）

图 3.4　清 白玉鹅（图片来自台北故宫博物院）

第一节　山子雕

山子雕是器型如山形的陈设玉器，玉器也往往以山为背景，表面雕琢的图案一般以书画作品为底稿，以圆雕、浮雕、线刻相结合，把人物故事、山水景观、亭台楼阁、花鸟鱼虫雕刻在一个立体的多重玉石表面上，如同一幅立体的绘画，所以又被誉为"玉图画"。山子雕因色设物、随形施艺，能够使玉料在雕刻中获得最高的利用率，体现了治玉技艺的极高水平。

作为摆件，山子雕一般陈设于客厅、书房等处。相对于身上的佩饰品及手中的把玩件来说，山子雕体型偏大，所以一般选用较大的籽料或具有一定厚度的大块山料作为山子雕的原料。有的山子雕体积巨大，比如著名的《大禹治水图》高224厘米，宽96厘米，重达5300多公斤。

山子雕往往根据玉料的初始面貌进行随形处理，对玉料的选择也具有较大的包容性，治玉人可以通过因材制宜的设计与雕琢，对玉料表面的皮色、瑕斑和绺裂进行巧妙处理，将本来并不完美的玉料雕琢成看似完美无瑕的玉器艺术品。因为天然的玉料或多或少都会存在一定的瑕疵，所以有"玉不琢，不成器"之说。而山子雕在最大程度上保留玉料重量的同时，又巧妙地做到"挖脏遮绺""挖脏去绺""遮瑕显瑜"，因而能在玉器隆盛的乾隆时期成为玉雕的一个重要品类。

一、前世今生

山子雕最早见于宋代，在清代乾隆年间蔚然流行。乾隆在平定了新疆地区的叛乱之后，朝廷有了充足的玉料来源，加之乾隆皇帝对玉器的心爱与提倡，使得治玉工艺有了长足的进步。同时，玉器的面貌也产生了极大变化。清代的玉器与家具、牙雕、竹雕等一样，在精雕细琢、纹饰繁缛的道路上极尽可能。喜爱各种珍玩的乾隆皇帝对样式奇巧、题材庸俗、纹饰繁缛的玉器十分不满，极力扭转这种"玉厄"现象，提倡将富有高雅气息的绘画作品作为玉器的画稿，雕琢山水人物，呈现出立体式的画卷，将玉器引上古朴典雅之路。在乾隆皇帝的倡导下，山子雕成为清代玉器的重要品类，其数量与质量也达到了前所未有的水平。著名的作品有《大禹治水图》《秋山行旅图》《会昌九老图》等。

清代扬州是玉器加工的重要地方，尤以雕琢大型山子雕著称于世，清代几件著名的巨型山子雕，包括《大禹治水图》等，都是在扬州雕琢完成的。可惜，中国近现代频仍的炮火不断地摇撼着这片古老的土地，也撕碎了人们在安宁的环境中赏玩艺术的雅兴。山子雕在这样的时代氛围中渐渐消隐于人们的视野，而与之相关的工艺也慢慢湮没无闻，曾经让扬州辉煌一时的山子雕，最后只是成为凝结于《大禹治水图》《秋山行旅图》等作品中的一段段历史与传说。

在沉睡了近200年之后，扬州玉器厂的一批治玉人试图唤醒山子雕的古老工艺。（1978年，以时任扬州玉器厂厂长夏林宝为首的厂领导班子，提出了恢复制作山子雕的计划。在这个雄心勃勃的计划中，顾永骏这位厂里的杰出青年成为技术攻关小组的核心。从此，顾永骏的个人命运发生了重大改变，在接下来的几十年光阴里，他在清代先人的山子雕作品中，一点点爬梳工艺的痕迹与智慧的光芒，找寻那些失落多年的曾经闪耀于世的琢玉星光。他曾经从文物商店借出几件古代的山子雕珍品进行深入研究，从构图、章法、刀工技法上进行剖解，越研究越觉得有进一步挖掘的必要，于是专程去了北京故宫博物院，参观学习清代的巨型山子雕珍品《大禹治水图》《秋山行旅图》

《会昌九老图》《丹台春晓图》等，燕子衔泥般地点滴积累起山子雕创作的技艺。）

二、随物赋形，化画入玉

山子雕的设计，第一步是问玉，根据玉石的外形，决定雕琢的内容与形式。雕琢的内容往往是一幅画，将绘画立体化到玉石中，即所谓的"化画入玉"。在实际的设计过程中，主要考虑以下几个方面的问题：

首先是题材的选择。题材的选择是根据玉料的大小、形状、脏绺、皮色、阴阳面等因素确定的，往往按照文人的审美角度去选择那些古典文雅、富有情节和文化内涵的题材。

第二是"开窗"。山子雕外表的器形似山形，而主要表现的内容则聚焦于山腹的空洞中。在玉料上挖凿出作为主要表现对象的背景洞，称为"开窗"。空洞开凿的大小、形状、深浅、位置、方向等，都是认真考虑的。作为虚空的洞，本身就是一种形态，可以与石块产生虚实与深度，形成一定的立体空间，在光线的照射下还会产生有魅力的光影。开洞时还要注意，并非是一开到底，全部抹平，而是要考虑到洞内的景物，去与存之间要分辨清楚。此外，从侧面看不能给人以"狮子大开口"的印象，常见的做法是可以在洞口处安排一抹飘过的祥云，后面再衬上一棵枝繁叶茂的树，让祥云有所依托，形成层次分明的立体效果。空洞的不同方向与形状，使得山子雕形态丰富，在山子雕的设计中占有非常重要的地位。

第三是构图的安排。山子雕的构图布局,是指创作者依据一定的构思和立意,在玉料给定的空间范围内,对自己要表现的形象加以理性的取舍与提炼,并有计划、有秩序地安排到作品上,使之形成形象的部分与整体之间、形象与空间之间特定的结构形式。构图中主要考虑的因素有:形象在空间位置上的确定;形象在空间大小上的确定;形象自身各部分之间、主体形象与陪体形象之间的组合关系及分隔形式;形象与空间的组合关系及分隔形式;形象所产生的视觉冲击与力度感;构图时要处理好的各种秩序关系,如主宾、均衡、疏密、对比、穿插、层次、呼应、藏露隐现、多样而统一等。顾永骏从中国画中吸取了很多构图的方法,他运用中国画的散点透视,能动运用平视、仰视和俯视,打破时间与空间的限制,创造出富有意境的引人入胜的作品。他还将诗、书、画、印与山子雕融为一体,并在构图上综合考虑它们与原有形象的位置关系。在整体形式上,顾永骏的山子雕以"S"形构图为佳,山、水、云、带也都是曲线,直线一般只用在建筑中,与曲线进行对比。山子雕的疏密、大小比例也是在构图时需要重点考虑的。山石的表面往往不作太多雕刻,显示出"疏"的一面,而树、人物等则体现出"密"的一面。比例是所有造型艺术形式美的重要考量,任何一种富有艺术感的造型艺术都具有很好的比例关系,山子雕也不例外。山子雕在进行合理构图、经营位置时，都要考虑到整体的比例协调。在努力追求峰峦叠嶂、意境深邃的艺术效果时，也要处理好画面中各种形象的比例关系，包括主体与副体的关系、大石块与小石块的关系、花与枝的关系等，做到疏密得当、错落有致。构图时还应考虑玉料的石性、脏斑和绺裂，巧妙地做到"挖脏遮绺""挖脏去绺"，并且选择玉质好的地方，雕刻作品的主体或者对玉质有较高要求的对象。

第四是主题的突出。山子雕中的一切人物与景物都应为主题服务，要突出重点表现的对象。比如顾永骏的白玉山子雕《文成公主入藏图》（图 3.5）的送亲迎亲队伍阵容宏大，但作者只仔细表现了文成公主和松赞干布，以及为他们撑华盖的仕女，其他人物就比较忽略，另外还有象征喜庆的灯笼也是重点表现的，这些内容就把吐蕃王松赞干布迎娶文成公主的喜庆场面表达清楚了。山子雕中关键性的细节和转折亦需交代清楚、明确，比如人物的衣领、衣袖、飘带，花卉的花瓣、叶片，要求穿枝过梗、翻转叠挖，花瓣应安排得错落有致、玲珑而有生机。无论怎样概括、夸张、变形或简化，都需要对基本的结构关系、动态关系、生长规律等交代明确，达到形象逼真、结构准确的效果。

第五是线条的运用。在山子雕的创作过程中十分强调线条的造型与装饰作用。山子雕从设计到画活，再到雕琢完工，都是以线为主要手段的。绘画的线条造型直接运用到了山子雕的创作中。线条的疏密聚散、运动方向、长短错落等，与山子雕形体的繁简整碎、空间变化、韵律节奏直接相关，体现了玉雕的曲线形式美。此外，还可以通过衣纹曲线的刚柔变化，表现人物的不同性格与情态。

第六是画活的逐步深入。在玉料上表现设计意图即为画活，画活可分为"粗绘"与"细绘"。粗绘是指在确定玉料最宽、最高的点时，找准玉料的视觉中心，将腹稿初

图 3.5　文成公主入藏图

步勾勒出大概轮廓，不需要深入细节，只需要勾勒出整体的构图、动势、空间和穿插的关系；细绘是指根据粗绘琢制好粗坯以后，再进行精细描绘。画活是一个逐步深入的过程，将玉料由最初的"混沌未开"，雕成逼真、传神的作品。在这个过程中，设计师要和雕工很好地配合，雕工要根据设计师不断细化的设计图加以雕琢，设计师也要根据雕刻过程中出现的新情况不断地修正自己的设计图。小件玉器可以直接在玉料上勾样，大件山子雕则需要先在纸上绘制设计图，再由粗绘到细绘的过程逐步将设计图复制到玉料上，让整个设计制作过程显得更有把握。

三、山子雕的评价

评价一件山子雕作品，一般从三个方面去衡量：一是用料，要做到"挖脏遮绺""挖脏去绺""遮瑕显瑜"，最大程度地对玉料加以利用，减少不必要的琢除与磨损；二是题材，与玉料匹配得好的题材、与玉的气质相统一的散发文化气息的题材，能极大地提升玉料的品质与价值；三是造型，不一样的构图、不一样的"开窗"、不一样的人物形象、不一样的场景安排等，都决定着最后成品的面貌。每一个方面都是大师在设计的过程中仔细推敲与考量的。

四、美学内涵

1. 空间美

山子雕是以圆雕和浮雕为主要雕刻手段的玉器摆件，

具有宽、高、深的三维立体空间。在这个三维立体空间中，每一个形象周围的空间形式灵活多变，形成了山子雕的空间趣味与作品意境。各组成部分的体块、线条都要作出合理的安排，形成体块、线条与空间的共生共融关系。比如仕女、罗汉，文人的头部、胸部、腹部等各体块的鼓胀，衣纹、飘带的走向与动势，花瓣的翻转叠挖、花枝的穿枝过梗，水纹、云纹的流动走向等，都必然在空间分布中作出合理的安排，并形成一定的空间节奏与韵味。

　　山子雕中的空间形式有实体空间形式、动势空间形式、体面空间形式、透的空间形式等。实体空间形式是指作品中大的实体空间体块，以充实饱满的体积，最大限度地占有空间，给人以强烈的膨胀感和深厚的力度感。动势空间形式是指作品中形象的动势或者即将爆发的趋向所形成的空间张力。体面空间形式是指以体与面的高低起伏来增加空间感。体与面的流动与穿插，形成了正负空间的相互转换与替代，产生丰富的视觉效果。透的空间形式是指由透空的手段来获取或增强作品的空间感，内膛壁空间与外空间的流动，形成视觉上的空间趣味。

　　山子雕的空间处理丰富多样，使空间充满无限张力。比如，在向心与离心空间的综合应用、呼应顾盼、左右俯仰、阴阳向背、大小环抱、参差错落、脉络起伏、虚实藏露等处理中，呈现出姿态万千的丰富造型。大师在空间处理上，特别强调发挥自己的主观创造性，强调按美的形式来处理，不断调整和改变虚实空间的大小、比例和结构关系，有时还借助于夸张和变形，让作品富有节奏感，而不是结构松散，缺乏中心。

2. 整体美

从心理学的角度看，统一、完整的形体更容易被人们感知。所以，山子雕的造型不能太碎，要注意形体的完整性，要注意取舍，删繁就简，力求造型的紧凑、完整与统一。我国古代大型石雕，往往按着石料的自然形状顺势雕琢，造型很整，呈现出单纯、质朴、深厚的特点。

山子雕是三维立体空间的圆雕实体，是多角度的立体造型，无论是对自然的再现，还是对形象的创造，都要注意从大关系上去把握，要看大体、大块、大的动态线，在大外形中抓主形和主线，落实主形的形状、大小和位置，主线的长短、动向和分隔。要做到这些，就要训练眼睛体会"纯形"的美，注意观察大的团块、大的轮廓，完整地感受实在的形，将复杂的玉料统一于单纯的形体之中。始终铭记：变化存在于统一之中，丰富蕴含于单纯之中。

山子雕外轮廓需要整体把握。因为一件山子雕作品最先进入人的眼帘的，往往就是它的外部轮廓，若外形不美，就很难引起观众的注意。山子雕的整体美还体现在体积感上，给人以圆润、含蓄之美。大师在设计中，大都对形象进行内向收敛的处理手法，如衣纹贴向身体，山脉、树木等，均贴向山子的整体外形。与此同时，还在雕琢中突出整体造型的圆、柔、曲、润，使作品更具温婉流畅、浑然一体的特点。

在把握山子雕整体外轮廓的时候，应特别注重对山子雕整体大势的提取与处理，任何一个动作、起伏等，都是通过体现一定精神的大的势向线来表达的，没有了这个大势，也就没有了精神。这个大势，不只是指一般的动作，而是包括了一切的动势，具有一股内在的精神。比如人体造型中，外表的起伏内含着形体中心的气势，有了这个气势，整体的造型才会生动、有力，而不至于松垮。所以，在纷乱的起伏造型中，找到这中间的气与势非常重要，它们是将山子雕凝结为一个整体的重要因素。山子雕中山的参差错落、树木的高低不齐，是和下面山脉的生动绵延相关的。所以，山得势在于起伏高下，树木得势在于参差向背而有条理，石得势在于奇险而有秩序，山坡得势在于交错而不紊乱，水得势在于回旋曲折有致。只有气脉贯通，才能形成物象的整体气势。我们要善于在整体造型中抓住大势，找到贯穿，围绕大气，并一以贯之，如此作品方才更有生机、更加整体。

3. 力度美

山子雕造型的力度美来自其形体体积呈现出来的张力，让山子雕充满生命力。让山子雕充满造型力度美的主要方法，在于整体化地处理山子雕的外形，而不是繁文缛节地雕琢细节，要让整个山子雕的造型尽量简洁，让山子雕的块体现出张力，如同种子欲破土而出。山子雕造型中，这种张力来源于形体内力与外力的矛盾对抗，往往体现为山子雕表面弧线的凸起与凹陷，弧线起伏的位置、弹性与收止，决定了山子雕力度感的强弱。

山子雕表面的高低起伏，形成正、负空间的对比。向外扩展的凸称为正空间；向内收缩的凹称为负空间。正、负空间形成了力与形的对比。在山子雕的创作中，要充分利用力与形的对比，将凸起的高点与凹下的低点、阴与阳、正空间与负空间进行对比与转换，让山子雕呈现出空间的流变与线条的力度，形成具有动感与张力的视觉效果。

我国传统的绘画、舞蹈、戏剧，与西方同类艺术相比较，比较注重气韵生动的自由抒发。在这种自由抒发中，曲线的运用与体现非常普遍。曲线在圆中见方、方中寓圆的刚柔并济中呈现出造型的弹性与力度感。

山子雕的创作，经常吸取舞蹈、戏剧、书法、绘画的线条之美。戏剧的弧形姿态、圆韵宛转，书法的灵动飞逸、遒劲恣肆，绘画中的吴带当风、曹衣出水、高古游丝等，都成为山子雕创作中灵感的不竭之源。从设计画活到设计完成，都是以线为手段，做到体与线的有机结合。山子雕各类形象的轮廓线、结构线、势向线，人物的动态、飘带、衣纹，自然界的云纹、水纹，花卉的动势、鸟兽的造型等，无一不体现着线条的动感与力度。尤其是在表现传统人物题材时，古代人物的长衣裙、宽袍大袖、富丽装饰、飘洒风带等，更可见线条处理的功力。

4. 韵律美

韵律是节奏在心理上引起的共鸣、产生的美感。艺术节奏由形象节奏和非形象节奏两大元素组成。形象节奏指可视形象中存在着两种或两种以上性质不同或相互对立的要素，如多与少、点与面、大与小、虚与实、藏与露等；非形象节奏指感情上存在着两种或两种以上性质不同或相互对立的要素，如强与弱、刚与柔、轻与重、动与静。艺术节奏是由各种不同形象和非形象要素的调节而产生的。在山子雕的创作中应非常注重艺术节奏的控制，山子雕作品也总是在一定的空间节奏中呈现出韵律美。

在处理作品的节奏时，首先要考虑的是处理好大律动与小律动的关系。大律动体现为山体的体势走向，是山体的骨架结构，是抓取山之神貌、铺陈山表的内动力；小律动体现为山体的自身特征和外部的形态结构。在山子雕的创作中，既要抓整体的大律动，又不能放过局部的小律动，做到小律动服从大律动，次要节奏服从主要节奏，局部节奏服从整体节奏，才能形成有秩序感的节奏。落实到设计中，起初，线条要取物象轮廓大势，力求线条圆润饱满，意气贯通，无板滞之感。轮廓主线确定后，再辅以长短疏宕的次线，让作品具有一定的节奏感。在大量的山子雕作品中，我们可以看出那些作品依靠自身外轮廓线的高低起伏，安排体积的空间，形体的虚实、大小、繁简、整碎，线条的长短、曲直、疏密聚散，雕琢刀法的强弱、力度等节奏。比如用花枝花叶的穿插、树木高低欹斜的排列、溪水纵横曲折的流势、山体来龙去脉的配置、山石皴法用线的倾倒方向、人物的衣纹飘带等，来体现作品的节奏与韵律。

作品在雕刻过程中亦会出现力度与速度轻重缓急的节奏变化。按照造型体面的不同形状、大小、宽狭、方向、皱褶、连断，以及线条的长短、曲直、粗细、角度变化，运用刀法的对比，体现作品整体力的节奏和刀法的韵律。通过雕刻时的起承转合、轻重缓急、虚实顾盼来体现力的节奏。要注意雕刻的流畅与连贯，具有"一气呵成"之势，这是克服"板、散、僵、死"的关键所在。此外，还应注意"欲上先下""欲左先右""无垂不缩""无往不收""藏头护尾""欲擒先纵"等原则，让节奏感自然呈现。

此外，还要注意情节的彼此关系，分清主次，注意秩序与和谐，防止混乱。在感情节奏上注意迂回曲折、抑扬顿挫、强弱有序、动静有致。在综合运用线刻、圆雕、深浅浮雕、镂空雕等雕琢技法时，按整体造型的主次，确定造型的虚实和雕琢的繁简，让作品呈现出富于节奏与变化的韵味。

第二节　仿古、炉瓶、花鸟虫鱼兽、人物

一、仿古

清乾隆时期，玉雕出现了题材庸俗、偷工"增"料、

繁冗炫技的玉厄现象。乾隆抱着"渐欲引之古，庶其返以初"的想法，通过师古仿古，去除玉厄现象。这直接促进了清代仿古玉器的出现，这种做法一直延续到现在，成为玉雕的一个品类。仿古玉器并不是把玉器做旧，伪装成古玉，而是在器型上模仿商周时代的青铜器及玉制饰品。

扬州作为清代玉雕的重镇，必然会受到这股潮流的影响。今天，依然有一些扬州玉雕大师做着仿古的玉件，最典型的便是高毅进，他钟爱商周青铜器，尤爱鼎，他的碧玉《鼎》（图3.6）、青玉《爵杯》（图3.7）、青玉《卣》（图3.8）等都是这类作品，都选择了与青铜颜色接近的碧玉或青玉加以雕琢。

二、炉瓶

山子雕之外，炉瓶是扬州玉雕的重要品类。其一是因为"瓶"与"平安"的"平"谐音，有着吉祥的寓意；其二，也因为玉雕与瓷器一样有着光洁的外表，可供赏玩；其三，扬州的链子活绝技可以在炉瓶上得以充分的体现，扬州的玉雕炉瓶，往往配合着玉链，通过玉链的向上牵引，使得玉雕作品获得了纵向上的扩展。扬州玉雕炉瓶，往往又与花鸟虫鱼兽结合在一起，使得炉瓶更加丰富多姿，生趣盎然。江春源创作了不少炉瓶，从无链到单链、双链、多链，从花鸟到虫鱼，都有很好的作品问世。比如白玉《四季平安双链挂瓶》（图3.9）是一件双链挂瓶玉雕作品，攀附在挂瓶表面的花卉与挂瓶结合在一起，有着平安寓意的同时,又极富观赏性。

三、花鸟虫鱼兽

除了和炉瓶结合,花鸟虫鱼兽本身也会成为玉雕的创作题材。比如江春源的白玉《花篮》(图3.10),很有装饰趣味;高毅进的白玉《孕育未来》(图3.11),刻画了两只诞生不久的小鸡从草窝里探出头来。

四、人物

除了山子雕中的局部小人,扬州玉雕中也不乏单体人物雕像,尤以仕女为主。这个在清代并不多见,是当代扬州玉雕艺人的创新。顾永骏和薛春梅都创作过一些仕女玉雕。

因为市场对玉雕仕女有着非常大的需求,所以20世纪70年代的扬州玉器厂专门成立了一个制作仕女的车间——"人物车间"。顾永骏最初被分配到了这个车间,从大量地临习中国画中的仕女人物起步,从马骀画谱,到吴友如画谱,到华之川的仕女画,再到王叔晖《西厢记》中的人物、刘旦宅《红楼梦》中的人物,他反复研习中国画里的仕女人物,并在日后将中国画里仕女人物的精妙之处吸收到他的玉雕设计中。顾永骏在进行仕女人物设计时注意从三个方面进行塑造:体型、衣纹以及风韵。他的仕女玉雕脸形柔美,手指纤细,风带折叠翻卷,这些与仕女画一脉相承;而仕女的形体又合乎人体结构,明显受到西方造型语言的影响。(图3.12)薛春梅的仕女玉雕特别注重线条的运用,女性的特质渗透在她的仕女作品中。

图 3.6 碧玉《鼎》

图 3.7 青玉《爵杯》

图 3.8 青玉《卣》

图 3.9　白玉《四季平安双链挂瓶》

图 3.10　白玉《花篮》

图 3.11　白玉《孕育未来》

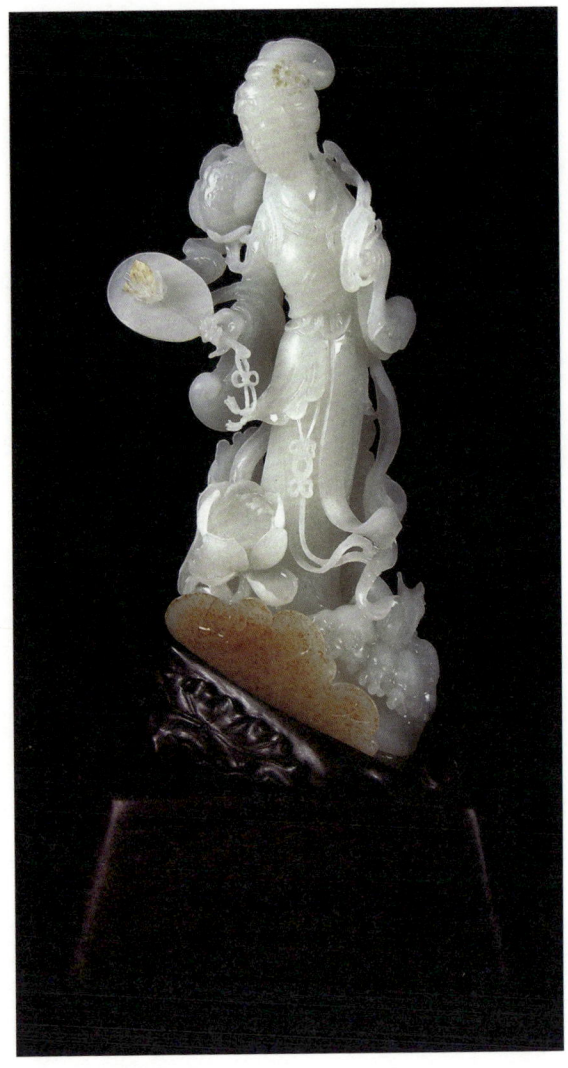

图 3.12 白玉《仕女》

第四章 工艺过程

第一节 相玉

玉石材料种类很多，按照矿物学上成分的不同，分为软玉和硬玉；按产地的不同，有新疆和田玉、辽宁岫岩玉、河南南阳玉、陕西蓝田玉等；按形态的不同，分为籽玉、山流水玉和山料玉；按颜色的不同，分为白玉、黄玉、青玉、青白玉、碧玉、墨玉等。

上乘的白玉籽料往往是雕琢材料的首选（图4.1）。白玉的透闪石含量可高达99%，含铁质少，还含微量磷灰石、磁铁矿等。最好的白玉如羊脂，有"白如割脂"之誉，被人们称之为"羊脂白玉"，是玉中上品，其特点是白、糯、细、润。最好的白玉产自我国新疆和田，世界上俄罗斯等少数几个国家也产白玉。好的白玉一般具有程度不等的油脂光泽，质地细腻，脂白而均匀，皮色自然生成，无性，无绺裂和瑕疵。陈性在《玉纪》中称赞和田玉"体如凝脂，精光内蕴，质厚温润，脉理坚密，声音洪亮"。

图 4.1　羊脂白玉籽料

陈性的赞誉之辞也是判断白玉优劣的重要标准。"体如凝脂"是指玉如羊脂一般，摸上去油油的，酥酥的，糯糯的，冬天摸上去不冷，夏天摸上去不热；"精光内蕴"是指白玉能被光线略微透过，呈微透明状，在似透非透中让人浮想联翩，含蓄耐看；"质厚温润"是指玉石厚实滋润，那志良在解释玉的"温润"时说，"比如春天到了，孩子们已然在家里关了几个月了，都想要出来走走，你带他们到公园去，叫他们随意奔跑、追逐。当他们回到你的身边时，你看他们的脸，那就是'温润'的样子"；"脉理坚密"是指白玉的内部结构或如毛毡，或如叶片，或如扫帚等，呈无定向密集分布，稠密交织，可用点光源侧向照射玉石观看其内部结构；"声音洪亮"是指叩击玉石如磬之余响，舒扬清越，而"宁为玉碎，不为瓦全"的可折断、但不可弯曲的品质亦让世人称扬。

相玉是辨识玉料的重要过程，是指观察分析玉料的坑位、形状、脏绺、细腻度、皮色、阴阳面，确定玉料最宽、最高、最厚的点，初步判断玉料内在的质、色、性、瑕绺的大致情况。玉料的坑位不同，外表特征不同，品性也会有差异，杨家坑产好山料玉，塔石寨黑山产好籽玉。形状要与表现的题材相匹配，比如山子雕的玉料最好选择比较宽的，厚度不重要。皮色是指籽料的表面特征，玉料经过风霜雨水的侵蚀，表面往往会包裹上一层氧化层，形成不同的皮色，常见的有洒金皮、枣红皮、桂花皮、秋梨皮、黑皮等（图4.2、图4.3），这些皮色是玉料的身份象征，通过皮色可以大致判断玉料的坑位、质地等，皮色不能随意剥去，可将皮色设计成玉器表面的图案，成为玉器的俏色。人们的审美习惯是"白玉无瑕"，俏色的保留则是对玉器经济价值的让位。玉料的纯净度也是识辨玉料好坏的重要内容，璞玉上常带有"脏"和"绺"，"脏"是指玉料上的杂质，"绺"是指玉料上的裂痕（图4.4）。玉料表面的绺裂不会有太大问题，设计时可以注意避让与遮掩，而玉料内部的显微裂隙则比较糟糕，会大大降低玉料的价值。在琢玉过程中"挖脏去绺"是不得已的做法，比如恶绺就是非去不可的。只要能善加利用，做到变"脏""绺"为花、为瑜，就不要去掉。或者用藏、躲的方法把"脏""绺"

图 4.2　洒金皮

图 4.3　枣红皮

图 4.4　籽料上的绺裂

遮掩在不显眼的地方。有人将这些方法总结为"挖脏遮绺""遮瑕显瑜""无绺不做花"等。玉料中往往一面质地相对较好，另一面质地相对较差，较好的一面称作"阳面"，用来雕刻玉器的正面，较差的一面称作"阴面"，用来雕刻玉器的反面。所以，玉料的挑选并不苛刻，因为可以通过"挖脏遮绺""挖脏去绺""遮瑕显瑜"等方法巧妙地进行设计与雕琢，比如可以将绺裂掩盖在石纹、枝叶、建筑物栏杆等处，也可以将山錾设计在绺裂处，在雕琢时加以挖除。但是玉料要有比较好的韧性，这样在进行复杂的雕琢处理时才不会碎裂。

要想深入了解玉料的内在质地,还需要在不破坏玉料外形的基础上在机台上用工具对洼绺处进行"挖""顶""撞",或用工具在玉料不重要的角落掀开一点外层,行话称为"问",打开玉料的截面看玉料的内在质地(图4.5)。但一般情况下,白玉的内外是一致的,所以"不骗人"又是白玉的一大美德,不像"翡翠",表面与内在往往存在不一致的情况,所以人们常把翡翠称作赌石。

玉料本天成,所以"量材施艺"是玉雕设计的重要法

图 4.5　籽料的剖面

则。如何根据不同的玉料确定不同的题材，又如何在玉料的设计中变瑕为瑜、遮脏去绺，让玉料与题材进行最佳的匹配，这些都要在相玉的阶段思虑到，考验的是玉雕设计师的眼光、经验与内在积淀。

第二节 设计

"因材施艺"是玉雕设计的总原则。要根据玉料的形状、质地、颜色进行构思，确定题材和造型，并在玉料上勾画出雕琢的轮廓。玉材极为贵重，在设计时要尽可能少浪费，所以要随形施艺，治玉人要具有高超的因材制宜的本领。他们要根据玉料的大小、形状，以及表面的皮色、瑕疵和绺裂，以相应的题材加以匹配，并在设计过程中"挖脏遮绺""挖脏去绺""遮瑕显瑜"，在对玉料最大程度利用的基础上进行巧妙设计。所以有一句俗话叫作"无绺不插花""无绺少插花"，要对玉料尽量做到"无为"，因为好的璞玉本身就处处显出自然的美丽，那些天然之美要尽量保留。

在顾永骏眼里，"玉不琢，不成器"，并不完全对。他说，有些地方大可不必去动它，保留原有的面貌就好。看到别人画蛇添足的做法，顾永骏总是感觉遗憾，他认为那是对好的璞玉的一种破坏。他认为玉雕总的设计原则是做到"三保"，即保重、保大、保色。"保重"即最大程度地保留玉料的重量，能少挖就少挖，因为"黄金有价玉无价",在玉料价格飞涨的今天,保重是对玉料价值的小心维护。"保大"是指保持玉料最宽、最高、最厚的点,成品玉器的宽、高、厚是衡量玉器价值的重要标准,尤其是宽,一定要保证最宽的两点不被缩减。"保色"是指保留玉料的皮色,因为皮色是玉料身份的象征,好的皮色能够证明玉料的价值,在经济利益的衡量下,传统的"白玉无瑕"美学观念有了一定的让步。当然,保色并不是玉料表面的皮色一点都不能动,比如顾永骏的《放鹤图》(图4.6),他把皮色巧妙地与云彩、红霞相结合而得以保留,另外在仙鹤的头顶上也留下红色的小点,成为仙鹤的"丹顶",保留的皮色部分与实际物象相重叠,这种保留就显得自然而不做作,而其余部分则要毫不吝惜地拿掉。

第三节 琢制

琢制是将天然的玉料变成人工的玉器,将设计师的主观设计意图显现在立体的玉器上。扬州玉雕创造性地将阴线刻、深浅浮雕、立体圆雕、镂空雕等多种技法融于一体。琢制的过程主要分为三个阶段:坯工、细工、精细修饰。在这四个阶段中要遵循先大形后细部、先正面后背面的总原则。琢制用到的机器主要是磨玉机和软轴雕刻机,工具主要是各种各样的砣,"砣"是打磨玉器的轮子。后来用作切磨玉料的工具通常都称作砣,主要分为锯片类和磨头类,它们又都有镶金刚石的和不镶金刚石的两种,操作上

图 4.6 《放鹤图》设计稿

也分为两类，一类是安装在切割机或玉雕机上，一类是用胶粘在机器转轴的顶端。除了砣之外，玉雕的工具还包括钻、擦条等。

一、坯工阶段

坯工阶段是制作玉雕的粗坯，使玉料呈现出大概的轮廓。坯工阶段使用的工具主要有：铡砣、錾砣、冲砣、轧砣、管钻等（图 4.7）。

铡砣和錾砣属切割类工具。铡砣是切割玉料的主要工具，是用铁片制成的圆形锯片。铡砣的名称来自铡刀，意思是像铡刀一样切割物体。錾砣也是由铁片制成的圆形锯

图 4.7 玉雕工具箱

片,不过直径比铡砣小,可以用它切割铡砣无法操作的地方。用铡砣和錾砣切割玉料时要做到"好""稳""准""狠"。

冲砣和轧砣属磨平类工具。冲砣用来磨平铡砣、錾砣切割之后的粗糙表面,或者用来磨平底部等大块面的部位。轧砣形状如棒,顶端的侧面有梯形、平头、圆顶、枣核等,主要用途是将錾砣加工后的锯痕磨平,同时起造型准确的作用(图 4.8)。

管钻属钻孔类工具,分实心钻和空心钻两类,实心钻用于打眼和钻较小的孔,空心钻用于套取料芯和钻较大

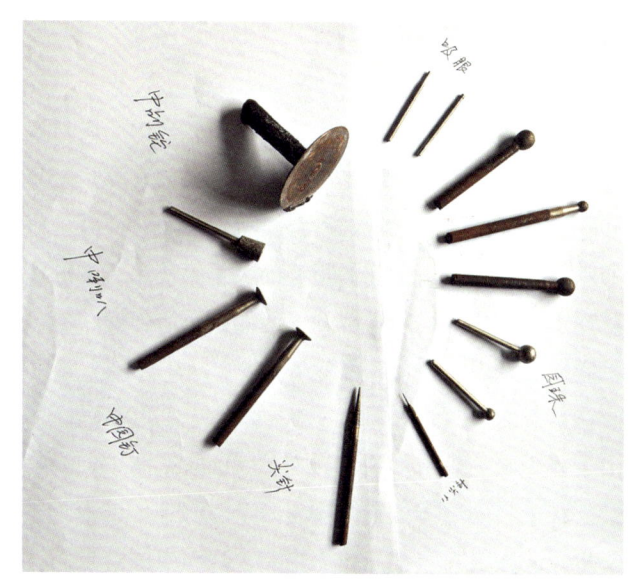

图 4.8　各种各样的砣

的孔。

对山子雕而言,坯工阶段主要分以下几个步骤完成:
1. 切块分面

切块分面是确定玉料的大概轮廓,用铡砣或錾砣切去无关的部分,初步呈现出成品玉雕的基本造型。在这一步骤中,要用空间思维和体积语言对玉料进行几何化处理,顺序是先用铡砣,再用錾砣;先切去大料,再切去小料。切块分面的工作完成后,要求形状准确、比例适中、高度差合适、有动态感、重心稳定。切块分面是后期雕琢的重要基础，决定了后期造型的动势、节奏、比例等。

2. 平底

平底是选择将玉料的某一面削磨打平，让山子雕可以端放在木雕底座上。山子雕是一种摆件，摆放在那里一定要重心平稳，但又要有一定的动势。所以平底时要处理好平底的水平线与整个山子雕的重心的关系，让山子雕的造型既呈现出一定的节律与动势，又能做到重心稳定，不会给人以倾覆之感。

3. 掏空

山子雕刻画的是山形的器形之下，山腹空洞中的人物与场景。在玉料的主体位置上掏出一个空洞来，是山子雕的重要步骤。在玉料上挖凿作为主要表现对象的背景洞，又称为"开窗"。掏空玉料时要仔细考虑空洞开凿的大小、形状、深浅、位置、方向等。同时还要注意，掏空并非是一掏到底，全部抹平，而是要考虑到洞内的景物，分辨清楚去与留。此外，如前文所说，可以在洞口处安排一抹飘过的祥云，后面再衬上一棵枝繁叶茂的树，形成层次分明的立体效果。

4. 二次画样

经过切块分面、平底、掏空三步之后，玉料的主体形态已经呈现。在进行以上操作时，粗绘的线条已经被削磨很多，要进一步的琢磨，还需在轮廓清楚的玉料上再次画样。此时的画样要比之前的粗绘细致很多，能够将要表达的对象更加形象化,并且清楚地表示出人物的动作姿态、穿枝过梗的榫接关系、构图比例,甚至更细的需要表现的局部。

5. 推落派活

推落是根据二次画样将有些块面继续往下推进,呈现出块面的高度差和榫接关系。推落的顺序是从上到下、先正面后背面、先整体后局部。推落的过程中还应注意要先浅后深地谨慎操作,避免发生不可挽回的操作。

派活是指进行细部刻画时将对象表现得栩栩如生。派活可以谨慎地一步一步试探着进行,让某些细部的形象先"蹦"出来。

6. 阶段修整

阶段修整主要包括两大工作:一是对大块面进行更仔细的分割,用小块面来概括形象;二是对前面操作留下的粗糙表面进行光洁度的修整。修整的顺序与切块分面的顺序正好相反,要由内到外、从局部到整体地进行修整。坯工阶段的工作到阶段修整好就结束了。

二、细工阶段

这一阶段是要对玉雕上的形象与场景作进一步的精细雕琢,使得形象与场景更加细腻逼真(图4.9)。细工阶段使用的工具主要有轧砣、勾砣、钉砣、膛砣、擦条等。

这里用到的轧砣比坯工阶段用到的轧砣要小,作用同样是将錾砣加工后的锯痕磨平,同时起造型准确的作用。

图 4.9 细工阶段

勾砣的侧面是厚薄不一的长方形、梯形、倒梯形等，主要作用是刻出纹饰和线条，比如头发、眼睛、花纹等都是用勾砣雕琢出的。

钉砣的形状像钉子，有从不到 1 寸的小钉子到 6 寸的大钉子等多种不同的规格。钉砣的功能与勾砣相似，也是用作细部的雕琢工作，可以作勾、掖、顶、撞等操作。

膛砣的形状多为圆头、枣核、蘑菇形等，用于冲磨玉器器皿的内膛。

擦条是将粗铁丝压扁后用作打磨玉器孔眼等细小部位的工具。

细工阶段主要分以下几个步骤完成:

1. 细工勾样

在坯工完成的玉料上把局部的细微处都描画到位,为细工的琢制提供清楚的蓝本。这一步的勾样要求把人物的五官、衣纹,虫鱼鸟兽的翅爪鳞毛,花卉的花瓣翻卷、穿枝过梗等都清楚地描绘出来。此阶段的勾样同样会与雕琢工作反复交替,直至造型完美精确(图4.10)。

图4.10 细工勾样

2. 精细定位与派活

在细工勾样的基础上将各个形象与场景的位置定好，并确定各个形象与场景的轮廓。对玉料中所有的人物、虫鱼鸟兽、花卉等进行推落派活，使得各个形象生动逼真，人物的五官、衣纹清楚而合乎规律地呈现，虫鱼鸟兽的翅爪鳞毛真切动人，花卉的花瓣翻卷、穿枝过梗得到立体化的交代。推落的过程仍要小心谨慎，处处留有余地。要注意的是，对于玉器雕琢中难度太大的部分和雕好后容易碰坏的部分，需放到最后去完成（图 4.11）。

图 4.11 精细定位与派活

3. 二次修整

二次修整是磨平与削除之前操作时留下的棱角与糙面,对各种线条、边面、拐角进行修饰性加工,让玉器的细部更准确清晰,表面更光洁平整(图 4.12)。

图 4.12 二次修整

三、精细修饰

精细修饰是琢制过程的最后一个环节,这个环节主要处理三大任务:一是处理前面操作工序中遗留的不足,使得整个造型更加完美;二是完成前面剩下的玉器雕琢中难度太大的部分和雕好后容易碰坏的部分,如鸟嘴、爪尖等;三是将人物与其他形象处理得更有神采、更有吸引力(图4.13)。

图 4.13　精细修饰

第四节　抛光

抛光由磨细、罩亮、清洗、过蜡和擦拭等环节组成。抛光工具是用革、布、木、石、胶等材料制成，这些材料不会给玉器表面留下刮痕。通过抛光，玉器能够呈现出光洁的外表和温润的质感。

一、磨细

磨细是抛光前的准备，是用皮砣工具将玉雕表面打磨得更加细腻。

二、罩亮

罩亮是用抛光粉和砣子在玉雕表面慢速摩擦，使器表光亮。

三、清洗

清洗是指把抛光后的玉雕表面清洗干净。

四、过蜡和擦拭

将蜡擦在烤热的玉雕上，冷却后，用布擦拭表面，增加玉雕表面的光洁度与光亮度。

要注意的是，抛光要有区别地处理，要根据玉器的内容和需要进行有针对性的抛光，使得玉器表面的亮光形成强弱的对比与变化，形成变幻不定的艺术效果。

第五章　名作名师

第一节　历代名作

北京故宫博物院同时陈列了《大禹治水图》《会昌九老图》和《秋山行旅图》三大玉山，向世人展现了清代玉雕巅峰期的辉煌成就。辉煌的背后，是扬州玉工的精湛技艺。

一、《大禹治水图》玉山

在经历多次劫难之后，北京故宫博物院里有一件宝物一直岿然矗立在原地。也许是因为它太大太沉了，使得它奇迹般地留存了下来。它就是陈列于故宫乐寿堂的巨型玉山——《大禹治水图》（图5.1）。

"大禹治水"是中国古代的神话传说故事。在中国，大禹治水的故事家喻户晓。相传三皇五帝时期，黄河泛滥，大禹受命于当时的舜帝，负责治水。"大禹治水"的故事有两个关注点：一是他以"疏"代"堵"，体现了他的聪明才智；二是他"三过家门而不入"，体现了他的敬业精神，

图 5.1 《大禹治水图》山子

是他"德"的一面。所以，大禹集"智"与"德"于一身。

后世以"大禹治水"为题材的艺术品不在少数。隋唐五代时期的著名画家展子虔、吴道子、顾恺之以及周文矩等都曾经创作过《大禹治水图》。明代的宫廷画家李在也曾经画过一幅《夏禹开山治水图》，以纪念大禹治水的伟大功绩。而广为人知的是现珍藏于台北故宫博物院的《大禹治水图》，它是宋代的一位佚名画家所作。巨型玉山《大禹治水图》便是乾隆指定以该画作为蓝本创作的。乾隆选择这一题材，有自己的政治意图。一方面，他是为了歌颂大禹的丰功伟绩；另一方面，则是将自己比作大禹，暗示自己效法大禹治国，卓著的功绩也将永垂青史。

《大禹治水图》玉山，高 224 厘米，重 5300 公斤，为世界和田玉玉器之王，堪称稀世珍宝、国之重器。如此巨大的玉山，所用玉料来自新疆密勒塔山。重达万斤的玉料从山上开采下来之后，一路上逢山开路，遇水架桥，冬季则泼水结成冰道，运到京师就花了三年多时间。

在京师停留一段时间之后，这块巨型玉料又被运往扬州两淮盐政玉作坊，好在京师到扬州有运河水路相通，运输便捷很多。之所以选择不远千里运至扬州，因为清乾隆三十一年（1766年），宫廷玉作承做的《秋山行旅图》玉山，却因进展缓慢而被迫停工，后转往扬州才最终补琢完成。扬州玉工的琢制水平，给乾隆留下了深刻的印象。

玉山的琢制大致经过了这样的过程：先由清宫造办处

根据选定的《大禹治水图》设计图样,然后制作成蜡样;担心南方的天气热,又照着蜡样雕刻木样;乾隆帝审阅没问题后,在北京对玉山玉料进行初步加工;后经水路到扬州进行细致雕刻,完成后再由水路运回北京。

清乾隆五十一年(1786年),扬州玉工经过六年的雕琢,《大禹治水图》玉山终于完成了。它卓立如峰,其间山峰兀立、古木丛生、层峦叠嶂、瀑布急流。峭壁之上,民工们忙得热火朝天,呈现了大禹治水的古老传说。玉匠们结合材料的原有形状,灵活运用了圆雕、镂雕等多种技法,穿插安排山水人物,展现扬州玉山的卓越技艺。

《大禹治水图》的完工,正逢乾隆八十大寿。乾隆看到作品后,不禁龙颜大悦。他命人将玉山安放在乐寿堂,置于嵌金丝褐色铜铸座上,显得雍容华贵。乾隆亲自题诗赋文,还命如意馆苏州匠人朱永泰将其刻在玉山子上,并刻上两方自己最喜爱的印章。玉山的正面山巅钤刻乾隆的"五福五代堂古稀天子宝"和天恩八旬两方印,背面上方刻"古稀天子"一圆印,正中琢双行隶书大字"密勒塔山玉大禹治水图",下面又镌刻有乾隆五十三年(1788年)的题诗纪事:"功垂万古得万古,为鱼谁弗钦仰视。画图岁久或湮灭,重器千秋谁败毁。"

此件玉山子从采玉后的运输到设计、雕琢、刻字,前后共用去了十余年时间。据估计,用工达15万个,耗费白银一万五千余两。这件玉山构图宏伟,气势磅礴,堪称稀世珍品，是中国玉器的象征。

二、《秋山行旅图》玉山

《秋山行旅图》是北京故宫博物院珍藏的另一件扬州玉工琢制的巨型玉山（图5.2）。该玉山是用一块重达一千多斤的新疆和田美玉雕刻而成的。玉山高130厘米，宽74厘米，厚20厘米，重1000多斤。以清代宫廷画家金廷标的纸本水墨画《秋山行旅图》为底本，描绘了金秋时节的迷人景色：山峦巍峨，流水淙淙，落叶缤纷，崇山峻岭中，赶着毛驴的队伍在艰难地跋涉。

图5.2 《秋山行旅图》山子

据清宫内务府造办处档案记载，此玉山于清乾隆三十一年（1766年）开始制作。初期在北京制作，后因进度迟缓，遂被运往两淮，由扬州承制。前后用工三万，总计费时五年。原料并不是很完美，石性很强，中间杂有淡黄色斑纹，通体重绺，犹如冰裂。经过匠师们的挖脏去绺、遮脏掩绺的巧妙处理，玉材本身纵横起伏的绺纹被雕成嶙峋巨石，淡黄色的瑕斑被处理成深秋时节里的金色草木。画面构图层次分明，布局错落有致，秋意浓厚，意境高旷，将玉料的特点与雕琢的题材自然地融为一体。

雕琢完成运抵京城后，乾隆命人将作品置于乐寿堂西暖阁，赋诗赞颂道："和阗贡玉高逾尺，土气外黄内韫白。量材就质凿成图，不作瓶罍与圭璧。关山行旅绘廷标，峰岭叠叠树萧萧。画只一面此八面，围观悦目尤神超。岩龉之处路疑断，云栈忽架接两岸。策驴控马致弗同，跋涉艰劳皆可按。大蒙至此万里余，图中隐括殆尽诸。各有恒情每仅彼，不宝异物徒斩予。"

三、《会昌九老图》玉山

《会昌九老图》玉山也是北京故宫博物院陈列的由扬州玉工琢制的精品（图5.3）。该作品完成于清乾隆五十一年（1786年），以新疆和田玉料制作，通座高145厘米，最大周长245厘米，重832公斤。作品以镂雕、深浅浮雕和阴线刻等多种手法琢成四面通景的山水人物图。

"会昌九老图"是中国人物画中的传统题材，取材

图 5.3 《会昌九老图》山子

于唐代大诗人白居易与八位高寿者聚会宴游的情景。唐会昌五年（845年），白居易、胡杲、郑据、刘真、卢贞、张浑、狄兼谟、李元爽、僧如满等九位赋闲的老人相聚洛阳，每个人都开怀畅饮，极尽欢娱。"会昌九老"题材之所以备受后人喜爱，主要是因为其背后所蕴涵的象征意义。九位老人退休后的闲适生活寄托着文人士大夫退休后优游山林的隐逸思想。

这件玉山形象再现了白居易等九位老人的闲适生活，他们或品茶，或对弈，或抚琴，或观鹤，或攀登，怡然自得。周围层峦叠嶂，古松林立，境界清幽。此玉山依照高低、远近比例，灵活运用镂雕、浮雕、阴线刻等多种技法，层次清晰，如诗如画。玉山正面顶部有阴刻篆体"古稀天子"四字，左面有隶书"会昌九老图"五字，亭子下部有"乾隆丙午年制"款。背面顶部阴刻乾隆御题七言诗一首："和阗质写会昌宴，雅称幡然眉与须。七益二来成九数，三山五竺拟多娱。秘书府尹岁为至，李老满公格略粗。我亦祝厘鸳集侣，独嘉庝韵鹿为扶。赢其翰墨徒成画，视此琢磨重作图。欲问清通裴叔则，玉人交此可能无。"

第二节 今日名师

扬州自晚清没落以后，大批玉雕艺人转移去了上海。加上苏州等地去上海的玉雕艺人，在19世纪末、20世纪初形成了"海派玉雕"。在"海派玉雕"中，又分为三派：主要适应洋人需求而生产制作的"洋装派"，以苏州艺人为主的专做玉首饰、花饰和把玩件的"本装派"，专做青铜器造型以及仿秦汉以来古玉为主的"古董派"。

去上海的扬州艺人多属"洋装派"。20世纪初上海滩赫赫有名的玉雕大师王金洵就来自扬州，是上海"扬州帮"的一面旗帜；其后驰名上海玉雕界的杨恒玉、顾咸池、胡鸿生、孙天成都是"扬州帮"大师；中华人民共和国成立后，他们的弟子周寿海、关盛春、魏正荣、刘纪松、花长龙、萧海春、韩国卫，也基本上来自扬州。1956年上海玉雕厂成立，其中绝大部分玉雕匠人都是扬州人，扬州籍的黄德荣、张永康、殷正明、朱立明等先后担任过上海玉雕厂厂长和负责生产、技术的副厂长。20世纪50年代后期，扬州又去了一批艺人子弟数十人，随父学艺，他们成为上海第三代玉雕业的传人。

随着1956年扬州玉器厂的前身邗江县玉石生产合作小组得以组建，以及1965年厂办半工半读的玉器学校的成立，扬州玉雕经过了百年的坎坷后，终于又迎来了新生。扬州的玉雕艺人得以汇聚，并培养自己的玉雕传承人。如今，扬州有众多的玉雕艺人以此为生，其中顾永骏、江春源、薛春梅、高毅进四名玉雕艺人被评定为国家级工艺美术大师及国家级非物质文化遗产传承人，是扬州玉雕的当代名师。

一、顾永骏

顾永骏，1942年出生于江苏扬州，从事玉雕技艺50多年。1993年获中国工艺美术大师称号，研究员级高级工艺美术师。2006年入选为第一批国家级非物质文化遗产项目代表性传承人。

顾永骏生于艺术世家，却在誓为祖国作大贡献的"大跃进"时代走进了水利专业的课堂。他因为学校的停办而辍学，却在怅惘的空白期追随父亲学画，从此回归了艺途。他在学画过程中恰逢扬州玉器厂招工，于是从1962年开始，开启了他长达50多年的治玉人生。初期，他专攻"人物"，以仕女人物为主，兼及神、佛，以及古典文学和古代历史中的诸多形象。他在进行仕女人物设计时注意从三个方面进行塑造——体型、衣纹以及风韵，将中国画里仕女人物气韵传达的奥秘，输入到他的玉雕仕女设计中，让那些光洁的玉石更增添了气蕴生动的迷人魅力。（图5.4）在解决了单体人物的玉雕造型之后，他又开始追求人物与场景的结合，以及情节与故事的叙事。1978年，以时任扬州玉器厂厂长夏林宝为首的厂领导班子，提出了恢复制作山子雕的计划。在这个雄心勃勃的计划中，顾永骏这位厂里的杰出青年成为技术攻关小组的核心。从此，顾永骏的个人命运发生了重大改变，在接下来的几十年光阴里，他在清代先人的山子雕作品中，一点点爬梳工艺的痕迹与智慧的光芒，找寻那些失落多年的曾经闪耀于世的琢玉星光。他曾经从文物商店借出几件古代的山子雕珍品进行深入研究，从构图、章法、刀工技法上进行剖解，越研究越觉得有进一步挖掘的必要，于是专程去了北京故宫博物院，参观学习清代的巨型山子雕珍品《大禹治水图》《秋山行旅图》《会昌九老图》《丹台春晓图》等，燕子衔泥般地点滴积累起山子雕创作的技艺。之前单体人物的塑造与场景道具的安排，让他奠定了玉雕复杂叙事与场景安排的能力基础，也让他掌握了综合全面的玉雕工艺；而对中国画的不断参照与融汇，让他懂得两个不同的艺术门类可以如此触类旁通，中国画的精神气息可以如此水乳交融般融进光洁的玉石。这些都是垒砌山子雕这座"大厦"的"砖石"，

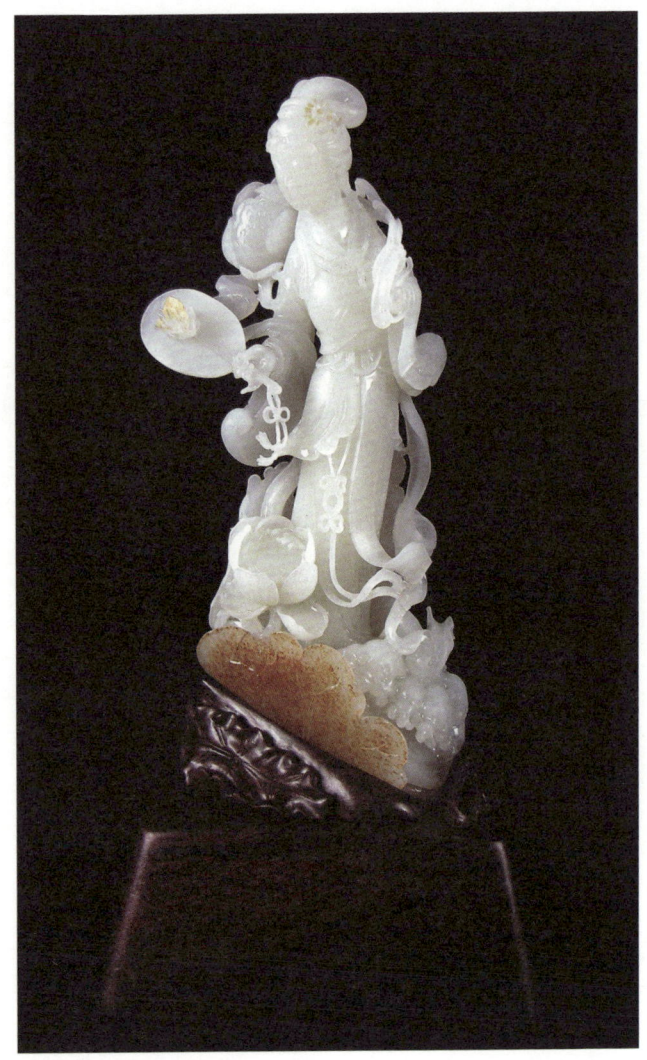

图 5.4 白玉《出水芙蓉》

当这一切都已具备，并继之以充满恒心与毅力的琢磨与研究，山子雕的断脉终被接续，失落近两个世纪的山子雕技艺在他的手中复活、闪光了。50多年来，他创作了一大批题材新颖、造型优美的优秀作品，如白玉《戏鹦鹉》《吹箫引凤》，白玉子雕《瑶池赴会》《三星对弈图》《夜游赤壁》《爱莲图》《花好月圆》《江山如画》《满堂和气》《年年有余》，翡翠子雕《潮音洞》《竹林七贤》，黄玉子雕《潮音洞》等一大批玉雕艺术精品，这些作品大的可达四五吨重，小的可作手中把玩。值得一提的是，他的碧玉山《石刻聚珍图》和青玉山《汉柏图》两件巨制，气势雄伟，雕工精湛，确立了他当代山子雕第一人的地位。顾永骏的山子雕作品在藏露隐现、繁简疏密、对比均衡、形神交融、张弛胀缩、层次穿插中形成了空间美、整体美、力度美与韵律美。

顾永骏的玉雕题材大致可以归为五类：

第一类是早期的仕女人物，从体型、衣纹以及风韵方面展现仕女的举止优雅、内敛矜持、含蓄蕴藉的美，同时亦有少量神、佛的塑造。早期这一类题材还处于人物单体的塑造阶段，后期则把这些人物雕刻进了山子雕中，比如白玉山子雕《天音》描绘的便是两位仕女提花吹箫的场面（图5.5）。

第二类是来自中国古典文学的题材，表现古典文学中

图 5.5 白玉《天音》

图 5.6 白玉《放鹤图》

的人物形象和故事场景，顾永骏的山子雕作品中有很大一部分都属于此类题材。比如白玉山子雕《放鹤图》(图 5.6)便是以苏东坡《放鹤亭记》的文章为原型，将文中出现的人和景物一一还原，并且努力呈现出文章的古典意境。白玉山子雕《桃园结义》（图5.7）表现的是小说《三国演义》里刘备、关羽和张飞三位仁人志士，为了一个共同的目标，在一个绚烂的桃园，举酒结义、对天盟誓的场景。翡翠山子雕《竹林七贤》（图5.8）刻画的是晋代的竹林七贤隐居山林、寄情山水的画面，表现了他们放浪形骸、不拘格套的超脱与豁达。还有，他创作的《采莲曲》（图5.9）是以王昌龄《采莲曲》为题材的。最近即将完工的大型碧玉山子雕《大江东去》（图5.10）表现的是北宋文学家苏轼《念奴娇·赤壁怀古》中恢宏壮阔的场面。也有的作品不是描绘古典文学的内容，而是创作再现那些文学作品的场景。比如白玉山子雕《醉翁亭记》（图5.11）便是再现了北宋文学家欧阳修创作《醉翁亭记》时的场景：他执笔于案前，周围有文人学士聚神观看，后面有童子端茶侍候，他们所处的山洞口有松柏遮掩，充满了幽静、淡泊的气氛。

第三类是表现历史题材的，比如大型白玉山子雕《文成公主入藏图》（图5.12）表现的是为了汉藏和平，文成公主嫁入西藏，吐蕃王松赞干布迎娶文成公主的喜庆场面。用具有复杂工艺的山子雕来表现如此宏大场面的故事，是具有相当大的难度的，如何精简画面内容又不减弱恢宏的气势，如何做到繁简相宜、重点突出等，都是他在创作这件作品时要考虑的问题。

第四类是再现自然的题材，大型碧玉山子雕《汉柏图》（图5.13）便是以苏州光福镇司徒庙里四棵清、奇、古、

图 5.7　白玉《桃园结义》

图 5.8 翡翠《竹林七贤》

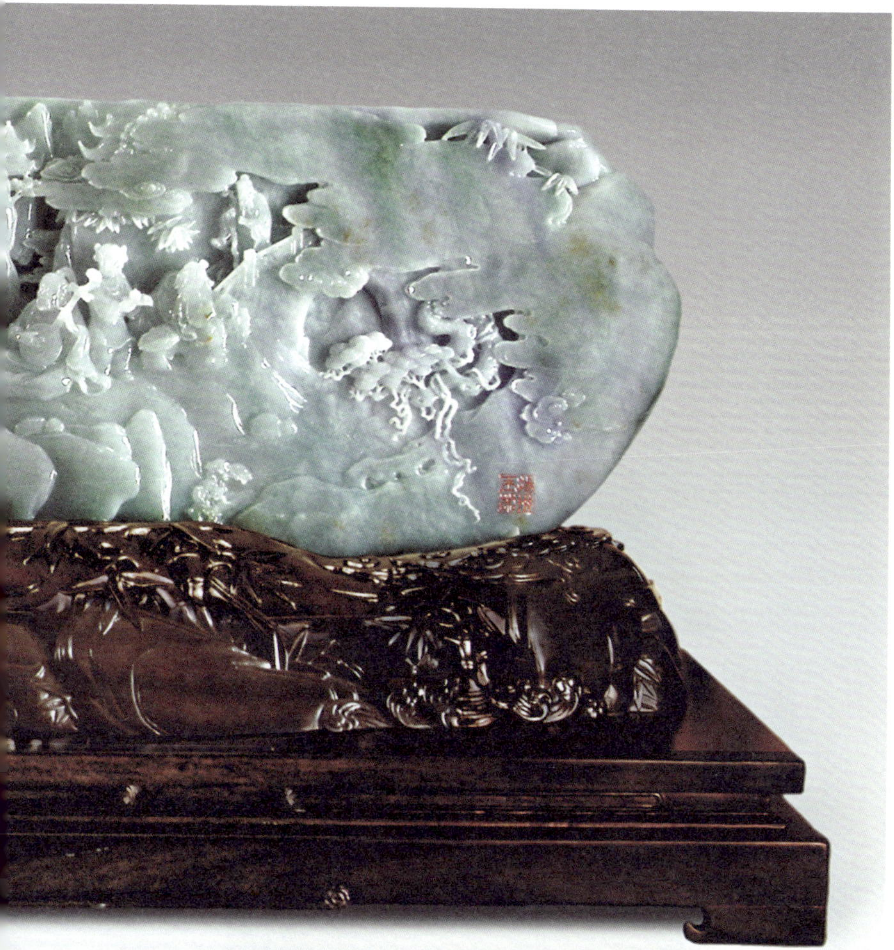

图 5.9　白玉《采莲曲》

图 5.10　制作中的《大江东去》

图 5.11　白玉《醉翁亭记》

图 5.12　白玉《文成公主入藏图》

图 5.13 碧玉《汉柏图》

怪的槐树为原型，并以此象征中华民族的不朽之魂。大型碧玉山子雕《石刻聚珍图》以中华民族的两大母亲河——黄河与长江沿岸的大同云冈石窟中的云冈大佛、洛阳龙门石窟中的龙门大佛，以及长江边上的乐山大佛、大足石刻为表现对象，赞美了中华文化的博大与劳动人民的智慧。

第五类是表现民间吉祥题材的内容，比如白玉山子雕《福寿如意》（图 5.14），以象征长寿的桃子为构图的中心，表现人们期望长寿的美好愿望。白玉山子雕《百子图》以柏树为主要表现对象，表达人们盼望多子多福的心情，之所以刻画柏树，而不是聚集一百个孩子，是因为"柏"与"百"同音，可以抽象地表达出主题。吉祥的题材其实是所有的民间艺术所热衷的，它们往往以一个简单的事物来象征某种寓意，而且这种一对一的象征并不单独存在于某类民间艺术，而是普遍存在于我国所有的民间艺术之中。

当我们用目光扫过顾永骏的作品组成的串串"足印"，有两处大大的"足印"引人注目，一处是创作于 1986 年的大型碧玉山子雕《石刻聚珍图》，另一处是创作于 1996 年的大型碧玉山子雕《汉柏图》。这两件作品被认为代表了当代山子雕艺术的最高水平，是继清代《大禹治水图》以来不可多得的山子雕艺术珍品。

1984 年，玉器厂的设计师接到一个任务，将轻工业部一块重达 472 公斤的白玉设计制作为玉器成品。厂里

图 5.14 白玉《福寿如意》

的设计师被安排外出写生,体验自然。这些设计师于当年10月沿着中央电视台拍摄《话说长江》的路线一路考察写生,去寻找适合那块大白玉的表现题材。那是一次历时47天的艰苦旅行。当他们来到岷江、青衣江、大渡河三江汇流处,顾永骏抬头看见雕琢在岩壁上的乐山大佛。这座气势磅礴、巍然屹立的大佛猛烈地震动了他的内心!乐山大佛依山凿成,临江危坐,佛像头顶山头,足踏大江,双手抚膝,体态均匀,神态肃穆。真可谓"山是一尊佛,佛是一座山"。一路上,他就在思考,把这个大佛雕在玉石上,最终的面貌会是如何。当然,如果真的将乐山大佛雕进玉石,在玉石的材料上还有更佳的选择,与那件大白玉相比,厂里的仓库中另一块重达一吨左右的大碧玉似乎更适合表现青山绿水间的巍巍石佛。

  顾永骏将恢复山子雕的重要课题落在这件作品上。这件作品的设计由他独立完成,再由几个人同他一起雕刻。在相玉过程中,他发现这块碧玉的中上部有一道横向拦腰的断绺,对这段断绺进行"遮脏掩绺"的处理,让他费了一些脑筋。最终,他将乐山大佛作为玉面的主体,让它端坐于没有断绺的空间。另外三尊佛像则分布在玉料正反两面的恰当位置上,与主体的乐山大佛相互衬照。而对拦腰断绺"遮脏掩绺"的处理则是通过石栏杆、树木等进行"破形"或遮掩的。构图时采用"高远法""深远法""平远法",用圆雕、浮雕和镂空雕的雕刻技法由外向内逐步推进,再由内而外精细雕琢。最终完成的作品上共有大佛4尊，小佛14尊，游客26人。作品中对比分明，疏密有致，呈现出一幅广阔的层层叠叠的立体图画。

从1984年岁末动手设计，到1986年春制作完成，这件作品在一年多的加班加点中终于"脱胎而出"，被命名为《石刻聚珍图》。时任佛教协会会长的赵朴初为该作品欣然题写"妙聚他山"四个点题之字。书法家魏之祯在作品背面题写了序文："碧玉取材于新疆玛纳斯，重2000余斤，高1.13米，宽0.86米，厚0.60米，由顾君永骏精心设计，再由黄永顺、高春福、李啸威、洪晟、于世培、高金等雕琢，更有王正华、陈宏朗、刘向农、戴旭辉施于光亮。雷守言、夏林宝谨识，于乙丑冬日。"能够在这么短的时间内完成这件作品，是因为这件作品在设计制作时已被确立为玉器厂1986年建厂30周年的重点工程，又被当作玉器厂选送参加1986年"全国工艺美术品百花奖"的重点作品，而它最终也的确在那届"百花奖"中摘得了"珍品金杯奖"，被国家收藏于北京中国工艺美术馆。作为巨型山子雕的恢复之作，这件作品在当时的玉雕界引起了很大轰动，专家们认为这是继清代的《大禹治水图》之后又一件不可多得的玉山珍品，是我国玉雕历史上的一件里程碑式的作品。

在完成《石刻聚珍图》四年后的1990年，顾永骏开始着手创作另一件巨型山子雕。他听说苏州光福镇上有一个司徒庙，庙里有四棵柏树，因为长相奇特，分别被人们称之为"清""奇""古""怪"。他觉得这四个字特别有意思，于是想用玉雕将其表现出来。起初，他想用四尊罗汉来分别象征"清""奇""古""怪"，但觉得有些平淡，不够新奇，因为在玉器上雕刻罗汉已经随处可见。于是转念一想，何不直接表现那四棵柏树？柏树深植于古典殿宇与庭院中，历经千年而苍翠，它们盘曲若虬龙，坚毅若壮士，和中华民族的内在精神何其相契！而且表现自然的题材一直是他所热衷的，于是他便起了创作《汉柏图》的念想。他起程前往苏州，走上了那四棵柏树的朝圣之路。相传那四棵柏树为汉代的邓禹所种，所以被称为"汉柏"。历经两千多年的风霜雨雪，它们巍然屹立，那棵名为"奇"的柏树被雷劈为两半，却又在边上再次扎根生长。顾永骏愈发觉得这四棵柏树就是中华民族的不朽之魂。他激动地在现场写生、拍照，为回去的创作积累素材。

厂里有一块大型青白玉山原料，很不起眼，一直躺在院子里无人问津。其质地坚硬，呈青灰色，产于新疆和田。玉料表面遍布横开竖裂的碎绺，但经他多次检视，发现这块玉料玉质还不错，而且整体外廓不用破形，只需剥去外皮，挖脏去绺，遮脏掩绺，稍稍整治便可用作于《汉柏图》的玉料。

这件作品从1990年开始构思，到1996年才最终雕琢完成。成品重近一吨，高112厘米，宽78厘米，厚72厘米。

书画名家为该作品题写了"汉柏图"三个字，作品背面的石壁上还有两行字："融宇宙清奇，宗万物古怪。"顾永骏在作品中并没有对苏州的那四棵汉柏进行完全写实，而是进行了抽象、概括、夸张与变形，充分体现了古柏的苍劲参天、挺拔遒劲的高贵品质，委婉地表达了对中华民族精神的歌颂。作品还将古柏与山水园林有机结合，疏密有致地安排了游人、飞鹤、曲径、叠峦，让整件作品显得丰富而灵动。

同行和专家们将该作品誉为扬州玉器厂四十多年来最具代表性的大型玉雕佳作之一，也是又一件国宝级的珍品。原北京故宫博物院副院长、古玉专家杨伯达先生也盛赞此作品："她与歌颂古代工匠的创造智慧和艺术天才的'聚珍图'不同，而是讴歌大自然的生命力量，再现千年汉柏的'雄姿风韵'。这种以树木为主题的玉山实在少见……以汉柏为主题的玉山确以此'汉柏图'为其嚆矢。"

如今，顾永骏成为山子雕标签式的人物，人们提到山子雕，必然会想到他。2001年，上海东方卫视拍摄了专题片《"玉之魂"扬州山子雕与中国工艺美术大师顾永骏》；2002年，中央电视台在介绍山子雕时专门介绍了顾永骏；2007年，中央电视台将他作为非物质文化遗产的传承人加以介绍，同年获得了由文化部授予的国家级非物质文化遗产玉雕传承人称号；2009年，日本NHK电视台在纪录片《中国玉雕传人》中长篇介绍顾永骏于山子雕的特别贡献以及创作方法……他自己也著文谈山子雕的创作感悟，并在各大专业会议中阐述自己的多年经验。如果他的每一件作品是他生命中的一个"足印"，那么这些"足印"大半都烙上了山子雕的痕迹，那些如诗如画、光洁动人的作品在玉石的天然外形下，巧妙地"开窗"显影、化画入玉，与近200年前的时光遥相辉映，因为断裂，接续上的光芒显得更加明亮。

与玉石相濡以沫大半生，顾永骏与玉的感情甚笃。当他看到设计制作得不够完美的玉器时，总是无比惋惜！在他眼里，玉石是大自然的恩赐，治玉人要虔诚地面对这份赐予，用生命与玉石对话，用文化赋予玉石内涵，而玉石予以回报的，则是那些融汇着治玉人岁月与思想的玉器所串成的光洁闪耀的人生轨迹。

二、江春源

江春源，1947年生于江苏扬州。2007年入选为第一批国家级非物质文化遗产项目代表性传承人。因擅长创作玉雕白菜，人称"白菜王"。山子雕是扬州玉雕艺人的绝活，然而，与扬州的其他几位擅长山子雕的玉雕大师不同，江春源几乎不做山子雕，他的作品也基本不涉及人物。除了玉雕白菜，他的作品主要涉及花卉、炉瓶、插屏等。他善于吸取中国画的艺术之长，以去除玉雕中的匠气。

江春源出生在一个很普通的家庭，从小没有接受过系统的艺术学习，只是喜欢画一些"洋片"。上了两年多的初中，1963年来到扬州玉器厂。最初的三年，他在厂里做的是开料和套碗，因为套碗销路不好，他又被调到另一个车间，学做玉雕摆件。在自己摸索的过程中，江春源很注重绘画的学习。"文革"后别人热衷于"运动"，他用两个月的积蓄买下了两本《芥子园画谱》，从头到尾临摹了一遍。在他认为，绘画和玉雕有着十分密切的联系，因为玉雕要从匠气中走出来，必须在绘画上下一番功夫。他与扬州的几位好友，包括许丛慎、卢星堂等，一起学画画。他们白天工作，晚上画画。卢星堂本来在扬州漆器厂工作，后来放弃了这份工作，成了江苏省国画院的一级画师。卢星堂也曾劝他改弦易辙，当一位画家，然而出于对玉的痴迷，他一直坚守在玉雕行业。

江春源不认同直接仿制美术作品的"玉图画"。在他看来，《秋山行旅图》和《大禹治水图》这两件国宝，胜在气势和做工；乾隆最爱的《桐荫仕女图》，也是照着油画制作，其巧妙之处在于利用剩料将画作立体化，体现了工匠的精巧构思。然而，这些都停留在工匠的技艺层面上，没有独立的构图和设计。江春源认为，仿古、仿画是可以的，但不应该亦步亦趋，应该有自己的创新与表达。

江春源的玉雕作品主要有六大类：
1. 玉雕白菜
台北故宫博物院有一件翠玉白菜玉雕（图5.15），原

图 5.15　翠玉白菜

置于紫禁城的永和宫，如今是台北故宫博物院的镇馆之宝。栩栩如生的造型，宛若真的一般。永和宫为光绪皇帝妃子瑾妃的寝宫，因此有人揣测此件玉雕为瑾妃的嫁妆，象征其清白，并祈盼多子多孙。

江春源创作了好几件玉雕白菜，最早的一件是在1993年，厂里购进了一批翡翠材料，其中有一块65公斤的料，做人物件，因为有斑点，材质不够要求；做炉瓶件，又浪费太多。江春源向领导提出了做花鸟杂件的想法，得到领导的认可。他仔细查看了材料绺裂的分布、走向和深度，并根据材料的外形等条件，决定做一件玉雕白菜。与台北故宫博物院的玉雕白菜不同，江春源做玉雕白菜的原因有二：其一，这是老百姓非常熟悉的来源于现实生活的题材。因为大白菜不容易坏，家家户户在冬天来临前都要囤上很多大白菜，大白菜几乎是冬日里唯一的新鲜蔬菜。其二，白菜是"百财"的谐音，象征着滚滚的财富，是吉祥的元素。

为了创作好这棵"白菜"，他时常仔细观察田间的白菜，还常将整棵白菜刨出带回家里养起来，观察白菜的生长过程，以及根须的生长方向和叶片的脉络纹理。白菜旺盛的生命力给人一种精力充沛、蓬勃健康的感觉，深深地打动着江春源。正是有着仔细的观察与写生，江春源创作出了叶片翻转自如、叶瓤饱满莹亮，筋络清晰、形态逼真的玉雕白菜。玉白菜下半部分的"翻瓣"紧扣一个"裹"

字。上半部分，就突出一个"卷"字，使得欣赏者在观看时，感受到菜叶连绵不断的生机。

设计制作时，江春源因材施艺，根据挖脏去绺、遮瑕显瑜等原则，用挖、破、留、遮的方法，将大白菜的造型设计得饱满、圆润。为了形成动静结合的效果，他又雕了一只螳螂，他特别喜欢这个无所畏惧的昆虫之王。

1996年扬州玉器厂建厂40周年之际，江春源的羊脂白玉《螳螂白菜》（图5.16）在"扬州玉器精品展"中引

图5.16　白玉《螳螂白菜》

起轰动，众多商家纷纷竞标，最初被一家艺术馆永久收藏。江春源也因此蜚声全国玉器界。随后，他又创作了多件形态各异的白菜系列，人称"白菜王"。2004年创作的《翡翠白菜》获得杭州西湖工艺美术精品博览会"特等奖"，如今收藏在扬州玉器厂里，成为玉器厂的镇馆之宝。

2. 炉瓶

有位记者曾经问江春源，《螳螂白菜》算不算他的艺术代表作？他笑笑没有作答。作为一名创作者，他会珍爱自己的每一件作品，有时候的确难分伯仲。从数量上说，其实他创作的炉瓶类作品更多。

江春源的炉瓶作品有两大特点：一是少玲珑剔透，注重保留玉石自然质地的细腻、温润，避忌太过透亮、莹薄；二是他的炉瓶往往与玉链结合，链条有单链、双链、多链等多种形式，扬州传统的链子活在他的作品中得到了传承。

在制作炉瓶时，有两大关键步骤：一是掏膛，一是链条制作。掏膛时要注意用力均匀，保持膛壁厚薄一致。链条的制作是从玉石上整体规划好，琢出基本形之后，用适当的圆钉琢磨出内圈的形状，整个链条不能有一点点失误，要完整无瑕地琢出，并且保持链条的可活动性。

比如2002年的《福寿双链挂瓶》（图5.17），用的是上好的白玉，所以瓶身不需要通过雕刻过多的花纹以实现挖脏去绺，光洁的瓶身显得高贵简洁，通过双链拉长了视觉感，顶部的玉璜与吊着的出廓玉璧造型，使得整个挂

图 5.17 白玉《福寿双链挂瓶》

瓶显得古雅而有韵味。

1999年的《双链福禄寿瓶》,瓶身附着着鹿、松树等福禄元素,比较特别的是,除了双链吊着瓶身以外,还多出了一根链横向伸在外面,伸着另一只鹿。

1994年的《玉堂富贵双链双瓶》也是比较特别的一件,打破了单瓶的通常做法,用两个瓶并置,表面铺展着的花卉将两个瓶融合在一起。

3. 仿古件

玉器界一直有一个热门的做法,就是仿青铜器。原因是青铜器古风盎然,仿青铜器的玉器也会带有古意和文化韵味儿。

江春源在20世纪80年代和90年代初也设计过不少仿青铜器的玉器作品,后来则尽量避免一成不变的仿古,在变动与创新中呈现出另一番天地。比如江春源设计的碧玉仿古炉,因为玉质不错,所以炉身设计成素面,显得利落简洁。另外,将炉足拉长、炉盖拔高,使得作品英挺而干练。

江春源还喜欢提取古代青铜器中的元素,作为炉瓶的部件或装饰。比如《素链瓶》的双耳就是借鉴青铜纹饰,辅以精细的镂空雕。

4. 插屏屏风

江春源还喜欢通过浮雕的手法,设计出插屏与屏风,使得作品更有书卷气。比如设计于2008年的《四季牌》,

用浮雕的手法在圆形玉上设计出春、夏、秋、冬四景，每个季节都有对应的花卉，科学而雅致。

5. 花卉虫鱼

江春源还喜欢提取花卉虫鱼的元素，作为炉瓶或茶壶的装饰。比如《竹链壶》，作者提取出竹叶和竹竿的元素，与壶的结构糅合在一起，显得清朴动人。他设计的壶摆件，常以竹节、梅枝相结合的造型流露出文人气息的雅风。20世纪80年代的《鲤鱼花插》，如同鲤鱼跃出荷叶，造型美丽，很有"江南可采莲，莲叶何田田"的江南气息。2006年获中国玉石雕精品博览会金奖的《菊花链瓶》，瓶身上布满的菊花，柔化了瓶身，充满了装饰趣味。

6. 吉祥

"工必有意，意必吉祥"，这是玉石珠宝界里的老行话。在玉雕设计中吉祥瑞图是最为常见的题材，以图文、谐音、暗喻等形式作为祥瑞标志来设计，为老百姓喜闻乐见。炉瓶往往与"平安"的寓意联系在一起，因为"瓶"是"平"的谐音，比如"岁岁平安链瓶"。

材质美、造型美、工艺美，是评价玉雕的三个重要方面。材质美是由相玉决定的，江春源每拿到一块玉料时，都会用目光凝视很久。他说，凝视到忘我的境界时，玉石就会神奇地告诉你一切。他将每块玉都视为有生命的、有自然灵气，只有在你用心理解、充分交流之后，才能将其创作为富有生命力的艺术品。关于造型美与工艺美，江春源概括出"二要三少"的工艺设计原则。"二要"是：要重视玉石材料的自然美；要凸现玉器作品的圆润感，造型简洁不触手。"三少"是：少支离破碎，少穿枝过梗，少玲珑剔透。他的作品处处体现了这些原则。

江春源特别看重玉雕中线的艺术。长沙马王堆汉墓出土的"黑底彩绘棺"上的飞龙云纹，对他有着非常重要的影响。他的玉雕白菜的菜叶部分，就是利用飞动的曲折线条，体现了白菜蓬勃的生命力，线条是白菜的"灵魂"。

熟悉江春源的人都知道，他一般不在纸上单独出设计稿，他习惯在玉石上直接勾勒，用毛笔与玉石直接对话。画好了就直接给工人制作，所有的工序都是在玉料上直接完成。他说，当毛笔在温润的玉石上勾绘时，他内心都会体验到一种说不出的沟通感觉，这时笔下线条依着玉料自然流淌出来。

那个年代的人，受到的教育都很有限，江春源也不例外。然而，他始终对文化艺术抱着一种谦卑的心态，如饥似渴地吸收各种养分。书稿里，他不断地引经据典，从先秦文献到傅雷的《世界美术名作二十讲》；在分析具体作品时，他的参照对象从达·芬奇到罗丹，绘画、雕塑等均有涉及。他特别推崇的人是明代的陆子冈，一位在玉器史上开创独特品类与风格的玉雕大师。可以见出，江春源始终以一种开放的心态面对自己的玉雕事业，反对繁复炫技与故步自封,这是一位传统玉雕人身上难得的品质。

三、薛春梅

薛春梅,1965年生于江苏扬州。2006年获"中国工艺美术大师"称号,是目前中国玉雕行业最年轻的中国工艺美术大师。2012年入选为第四批国家级非物质文化遗产项目代表性传承人。

薛春梅是扬州玉器学校毕业的第一届学生,毕业后即进入扬州玉器厂工作,师承中国工艺美术大师顾永骏先生。在顾永骏老师的影响下,山子雕成为薛春梅创作的重要品类。虽也创作了恢宏的巨型山子雕作品,但是女性的特质终究在她的作品中留下了印迹,形成了"清新婉约、细腻隽永"的个人艺术风格。

薛春梅的玉雕题材大致可以归为四类:

第一类是仕女人物。她的《舞韵花语》(图5.18)获2011年"百花玉缘杯"金奖;《仕女图》(图5.19)获2016年"百花玉缘杯"中国玉石雕精品奖金奖。与顾永骏的仕女人物相比,薛春梅的仕女人物更重视飘带的刻画,她的飘带不是灵动飘逸,而是翻飞多姿,使得人物在飘带的包围之中。如果说顾永骏的仕女人物静雅矜持,那么薛春梅的人物则动感多姿。

第二类是来自中国古典文学的题材,主要来自中国古典诗词。比如她和顾永骏一样,都创作了《采莲曲》(图5.20),不过顾永骏是以王昌龄《采莲曲》为蓝本,而薛

图 5.18 《舞韵花语》

东方文化符号

图 5.19 《仕女图》

图 5.20 《采莲曲》

春梅的作品则更让人想到汉乐府："江南可采莲，莲叶何田田。"荷叶田田，白鹤翩翩，伊人采莲于荷叶间；获中国工艺"百花奖"金奖的《一行白鹭上青天》，以杜甫的《绝句》为蓝本，虽然不见"门泊东吴万里船"，但是一行白鹭和一堆浮游的植物，非常动感地表达向上飞腾的趋向；获"百花玉缘杯"中国玉石雕精品奖金奖的《玉人何处教吹箫》（图 5.21），以杜牧关于扬州的名句为蓝本，这并不是一尊仕女的单体雕像，而是一座山子雕，仕女半隐在山子雕的开窗里，惆怅的情绪也被笼罩其中。

第三类是化画入玉，以绘画作品为原型，转移作品的

图 5.21 《玉人何处教吹箫》

图 5.22 《清明上河图》

载体。比如获杭州第十三届"2012 天工艺苑·百花杯"中国工艺美术精品奖金奖的《清明上河图》（图 5.22），就是以北宋画家张择端《清明上河图》的局部为原型。历代大家赵孟頫、文徵明、仇英等人都曾有《桃源问津图》遗世，以陶渊明《桃花源记》为故事蓝本，刻画了渔人登舟入桃源，源里之人见而异之的奇妙图景。薛春梅的这件作品更接近于民国沈燧的版本（图 5.23），一片俏色之下的别有洞天，展现了一幅玉的图画，获"百花玉缘杯"中国玉石雕精品奖金奖。

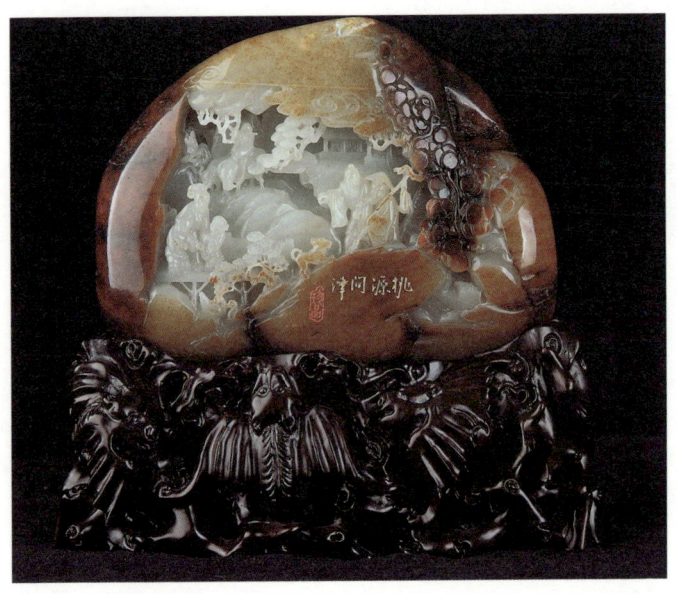

图 5.23 《桃源问津》

第四类是表现民间吉祥题材的，为百姓所乐见。如获"神工奖"金奖的《柏（百）子图》、获"百花玉缘杯"中国玉石雕精品奖金奖的《人参福娃》（图 5.24）、获杭州第十一届"2010 天工艺苑·百花杯"中国工艺美术精品奖特等奖的《人生如意　福泽千秋》（图 5.25）等。

玉雕艺人中，女性很少；山子雕艺人中，薛春梅是唯一的女性，被业内誉为"纤手神功"。和男性玉雕艺人相比，薛春梅的玉雕作品有着自己鲜明的特点。总结起来，

图 5.24 《人参福娃》

图 5.25 《人生如意　福泽千秋》

有如下三点：

1. 将大型玉雕的特色融入玉雕小件中

山子雕往往体型巨大，薛春梅虽也有巨型山子雕问世，但也创作了不少微型山子雕。虽然体型微小，但她一样将人物故事、山水景观、亭台楼阁、花鸟鱼虫雕刻在一个立体的多重玉石表面上，袖珍中更透出精致。也一样要因形"开窗""挖脏遮绺""挖脏去绺""遮瑕显瑜"，最大限度地利用珍贵的玉材。

除了山子雕，她还创作了玉牌、摆件、把玩件。女性的精致与巧妙，都融在了她的玉雕小件中。

2. 重视"线"的运用

线条往往具有纤柔、飘逸的特征。作为一名女性玉雕艺人，薛春梅特别重视线条的运用。在她看来，线条不仅能够清晰地刻画形象，而且能表达节奏与韵律，赋予作品一定的装饰性。尤其是在她的仕女题材的创作中，线条的长与短，流动速度的急与缓，赋予作品不同的外形与神韵。好的线条，能够将作品干净利落、清晰准确地呈现出来；线条的长短与疏密，让作品富有节奏的美感。尤其是衣纹、衣带的刻画，让坚硬的玉石有了飘然风动的特性。

3. 兼容并蓄

薛春梅是特别年轻的一位玉雕艺人，她以更加开放的姿态汲取着南北、中西的不同养分。虽然她从顾永骏老师那里沿袭了山子雕的传统，但她也创作了不少小型的玉牌、挂件等,将她在学习山子雕时习得的技艺融入玉雕小件中。这些玉雕小件本不是扬州玉雕艺人所长,但薛春梅善于吸收南北玉雕艺人所长。她甚至融入西方设计元素,在南北交融、中西互通中做到兼容并蓄。

四、高毅进

高毅进,1964年11月生于扬州。2004年,中国宝玉石协会授予其"中国玉雕大师"荣誉称号;2006年,国家发改委授予其"中国工艺美术大师"称号;2012年12月,入选为第四批国家级非物质文化遗产项目代表性传承人。

高毅进从事玉雕创作研究40多年,创作的题材范围广阔,器皿、摆件、插牌、把玩件、山子雕等均有涉及,尤擅器皿。他在继承古代青铜器、器皿造型的基础上,融进当代的意趣,努力探索传统与现代相结合的道路,形成了稳重浑朴、简洁而有装饰趣味的个人风格。虽是扬州人,却有着北方人的豪气与朴厚,从他工作室的名字"问鼎阁"便可窥见,大概是因为他成长于中国发展高歌猛进的时代,使得他有着和这个时代相一致的气息。尤其在他当选全国人大代表之后,他更习惯站在更高的角度去考虑问题,对待他的作品。

1977年,扬州玉器厂开办的玉器学校恢复了停滞十年的招生计划,正在上初一的高毅进,学校觉得他有绘画天赋推荐他报考,从此开启了他的玉雕生涯。高毅进的师父是擅长创作玉雕器皿的刘筱华,刘筱华的教学相当严苛,高毅进说："初入师门，师父说得最多的就是'改'，不是让我改作品，就是让我改行。"从师13年之后，高毅进以一件《百寿如意》（图5.26）为自己的学徒生涯交上一份满意的答卷，该作品获得了1989年中国工艺美术品百花奖金奖。薄胎的玉身上，雕刻了一百个"寿"字，非常富有装饰趣味。

同年，26岁的他进入了扬州职工大学装潢美术设计专业。四年时间里，他大量翻阅《中国青铜器全集》《中

图5.26 《百寿如意》

国绘画全集》等古今中外的美术图书，积累了丰富的创作素材。他在古今中外的艺术世界中遨游，开阔了自己的视野。更重要的是，他也将当代的美学趣味融入了他的玉雕创作中，使得自己的作品更具有简洁、装饰的特征。

虽然作品类型丰富，诸类均有涉及，但高毅进在玉雕界为人称道的还是器皿创作。他的器皿创作主要有以下几类：

1. 仿古件

在仿古件中，高毅进尤爱仿青铜器，他的仿制并不完全拘泥于古物，经常融进一些变化。比如用青玉琢制而成的《爵杯》，器型挺拔，杯脚似三把利剑托住杯体，船形爵口亦锋利地直指云霄，使得作品的视觉冲击力很强。

2. 鼎

高毅进钟爱"鼎"，他将自己的工作室命名"问鼎阁"，既体现他对青铜的钟爱，表明他在玉雕这条路上不断探索的豪气，又流露出他对国泰民安、国运昌盛的关注。2008年他创作的重达一吨的碧玉《世纪宝鼎》，作品器型厚重敦实，纹饰古朴工整，2008年获得中国工艺美术大师作品暨国际艺术精品博览会特等奖，奠定了高毅进器皿件在行业中的地位。

3. 炉瓶壶

高毅进创作了不少这类作品。《海棠兽耳炉》（图

5.27）沉稳浑润，造型美观。炉身的花纹与双耳、炉盖的装饰浑然一体。2003年被评为中国玉石雕作品天工奖金奖。与《海棠兽耳炉》不同的是，《天官耳圆炉》（图5.28）虽然有古代器型的影子，却已简化了很多，透露出当代的审美趣味。2004年获中国玉石雕作品天工奖金奖。《冰心祈福提梁壶》（图5.29）同样也是一件舍弃繁缛外表、追求简约之美的作品，获得第十二届中国工艺美术大师作品暨国际艺术精品博览会金奖。他还结合了扬州传统的链子活，创作了一些链瓶，比如白玉《三足链炉》（图5.30），他的链瓶不但通过玉链拉长视觉感，瓶身也被他拉长了。

4. 吉祥题材

高毅进的很多作品，都有着吉祥的寓意，比如《路路连升瓶》（图5.31）《金玉满堂瓶》《富贵瓶》等，透露出浓厚的民间趣味。

他注重"意胜于工"，强调根据玉料的特点把握构思，而将技法排在后面，这和普通炫技的匠人拉开了距离。比如《歌唱祖国》（图5.32）将琵琶与中国地图进行并置，这个"意"如同海报设计一样鲜明。

随着玉料越来越珍贵，高毅进的玉雕作品出现了越来越多的小型摆件。他设计的不同造型的香插，光洁的、重复的花瓣，非常贴合当代人的审美趣味，让古老的玉雕焕

扬州玉雕

图 5.27 《海棠兽耳炉》

图 5.28 《天官耳圆炉》

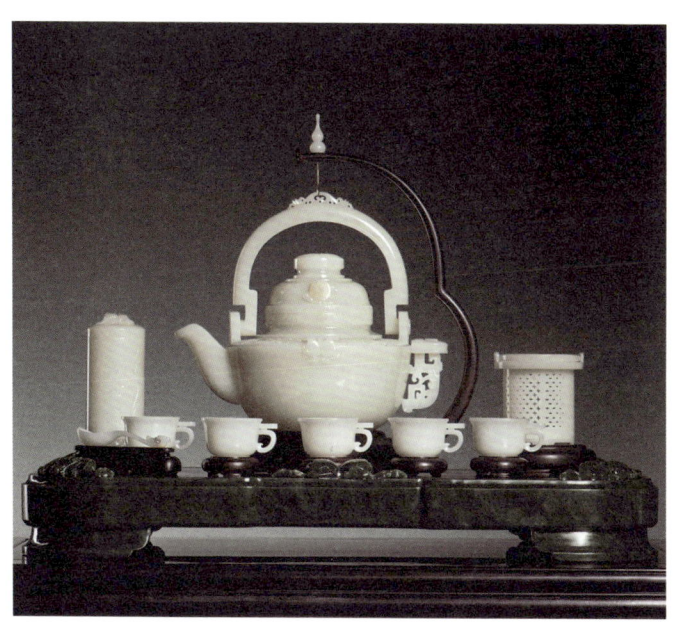

图 5.29 《冰心祈福提梁壶》

图 5.30 《三足链炉》

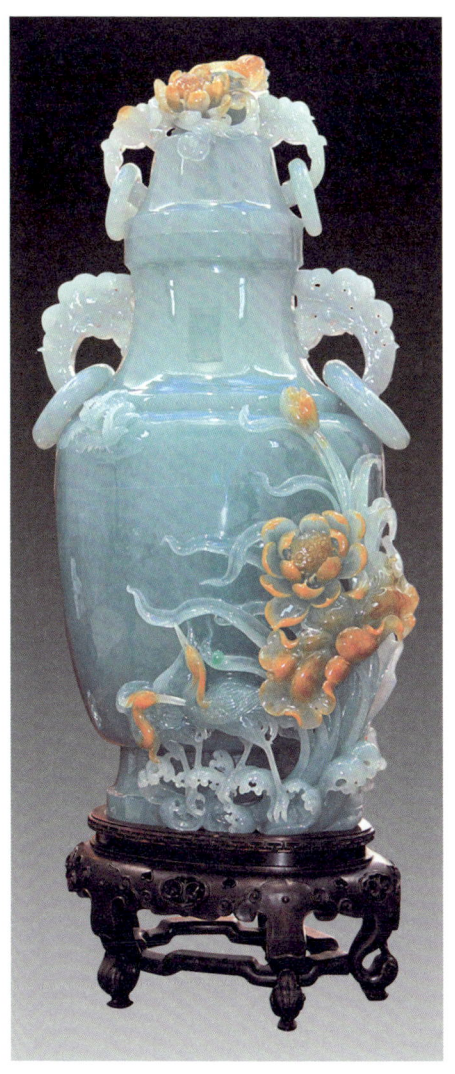

图 5.31 《路路连升瓶》

图 5.32 《歌唱祖国》

发出新鲜的活力。

　　以上提及的四位扬州玉雕大师,都是国家级非物质文化遗产项目代表性传承人。除了他们,还有不少扬州玉雕艺人在传承着这项古老的工艺,汪德海、沈建元、时庆梅等,他们有各自擅长的品类,雕琢出各自不同的风格。

主要参考文献

《中国玉文化玉学论丛》（共四编），杨伯达主编，北京：紫禁城出版社，2002.04—2007.06

《杨伯达说玉器》，杨伯达著，上海：上海辞书出版社，2011.06

《中国玉器通史》，陆建芳主编，深圳：海天出版社，2014.09

《隋唐五代工艺美术史》，尚刚著，北京：人民美术出版社，2005.08

《中国出土玉器全集》，古方主编，北京：科学出版社，2014.12

《中国玉器全集》（上下卷），杨伯达主编，石家庄：河北美术出版社，2005.01

《中国古代玉器艺术》（上下卷），中国文物信息咨询中心编，北京：人民美术出版社，2004.06

《中国美术全集·玉器》，金维诺总主编，合肥：黄山书

社，2010.12

《中国玉雕·扬州名家名品》，俞伟理编著，上海：三联书店，2011.12

《最扬州——扬州历史与文化》，褚蔚霖、刘成富主编，南京：南京大学出版社，2015.04

《老扬州》，王鸿著，苏州：苏州大学出版社，2011.05

结　语

　　玉雕，这一承载着千年历史与文化底蕴的艺术瑰宝，在岁月的长河中闪耀着迷人的光泽。它不仅仅是一门精湛的技艺，更是中华民族传统文化的重要组成部分，与远古信仰、礼仪文化、德行修养紧密联系在一起。

　　扬州玉雕历史悠久，可追溯到新石器时代，历经数千年传承发展，出现了汉、唐、清三次高峰。汉代的扬州是江南地区的大都会，经济的发达也让扬州玉雕得以兴盛，该时期的扬州玉雕纹饰细腻，刀工简约，体现了当时大气磅礴的时代风格；唐代经济繁荣，扬州官贵豪门用玉装饰楼阁建筑，民间也以小件玉器作为饰品渐开风气，这一时期的玉雕作品更加注重装饰性和实用性的结合；到了清代，扬州成了重要的琢玉中心，扬州工闻名天下，所谓"天下玉，扬州工"。扬州的玉局大量承办宫廷玉器，清宫中重达千斤、万斤的数十件大型山子雕，多半在扬州琢制，其中重逾万斤被称为"玉器之王"的《大禹治水图》玉山，更是成为稀世之宝，名闻遐迩，充分彰显了扬州玉雕在宫廷玉器制作中的重要地位和卓越技艺。

扬州玉雕以其阴线刻、深浅浮雕、立体圆雕、镂空雕等多种技法运用娴熟且融合巧妙，形成了以浑厚、圆润、儒雅、灵秀、精巧为基本特征的"扬派"，与"南派""北派""海派"区别开来。运用多种雕刻技法，将山水、人物等元素巧妙融合，在玉料上呈现立体图画的"山子雕"，更是扬州玉雕的杰出代表，展现了扬州玉雕艺人高超的技艺水平和非凡的艺术创造力，成为中华民族艺术宝库中的璀璨明珠。

扬州作为历史上重要的商业城市和交通枢纽，其玉雕作品通过贸易、文化交流等途径传播到全国各地以及海外，促进了中国玉雕文化的传播与交流。例如，唐天宝十二年，鉴真和尚从扬州出发东渡日本，带有玉工和玉雕作品，让扬州玉雕技艺在日本得以传播和影响；新中国成立后，扬州玉器厂出品的玉雕作品在国内外具有很高的知名度，为国家的出口创汇作出巨大贡献；扬州玉雕作品还积极参加国际知名的艺术展览和工艺品展览，如法国卢浮宫卡鲁塞尔艺术展等，向世界展示了扬州玉雕的独特魅力和高超技艺，吸引了国际艺术收藏家和爱好者的关注。

在现代社会，随着科技的飞速发展和文化多元化的冲击，传统工艺面临着前所未有的挑战。扬州玉雕艺人始终坚守着传统技艺的传承，他们通过师徒传承、家族传承等方式，将扬州玉雕的精湛技艺代代相传。许多老一辈的玉雕大师，如顾永骏、江春源、薛春梅、高毅进等,不仅在技艺上造诣深厚,而且还积极培养年轻一代的玉雕人才,为扬州玉雕的传承与发展奠定了坚实的基础。这些年轻的玉雕艺人在继承传统的基础上,不断学习和借鉴现代艺术理念和创作手法,将传统与现代相结合,使扬州玉雕在题材、形式和风格等方面都呈现出新的面貌,让中华民族的传统技艺在今天焕发出新的生机!

后 记

  一个地方之所以被人们铭记，往往是由这个地方的象征性符号决定的，就像艾菲尔铁塔之于巴黎、自由女神像之于纽约。同样，一种文化被识别，也离不开这个文化里的典型符号。玉雕已经成为东方文化的典型符号，它不仅是一种精美的手工艺品，更蕴含着东方哲学。它是东方人艺术匠心的凝练，将东方人对极致、精巧的追求诠释得淋漓尽致；它也是东方哲学的具象，儒家的温润谦和、道家的顺应自然，都融入在玉石的方寸之间，山水意境、人物神韵，无不透着东方独有的审美意趣与精神格调。

  撰写过程如同一场令人沉醉的溯源之旅。穿梭于图书馆的古籍堆中，拂去历史尘埃，探寻那些泛黄典籍里对玉雕只言片语的记载；又或是奔波在扬州的大街小巷，拜访一位位德高望重的老艺人，听他们用带着乡音与岁月痕迹的话语，讲述家族传承里的玉雕传奇。从新石器时代的质朴雏形，到清代山子雕的登峰造极，每一步的梳理，都是与先人的隔空对话。有时，为了考证一件名作的准确工艺细节，反复请教数位大师，斟酌每一个用词，只为不辜负这千年传承的厚重。

愿扬州玉雕这颗东方文化明珠，在岁月的长河里，持续闪耀独属于它的迷人光泽，永不停歇地讲述古老东方的动人故事。

费文明

南京艺术学院副教授，

美国哥伦比亚大学、英国剑桥大学访问学者

2024.12